闽商印记

近现代闽商先贤

福建同心文化丛书编委会 编

海峡出版发行集团
福建人民出版社

福建同心文化丛书

《闽商印记——近现代闽商先贤》编委会

主　任　　陈　晞　李家荣

副主任　　何林颖　章高路

执　笔　　陈文浩　李仲才　郑　芳　林春蓉

　　　　　张映彬　姚汉村　余文静　李姿莹

　　　　　张　媛　江宇贤　钟道伟　邱丽萍

　　　　　罗美玲　韩沁雯　陈新绿　冯文喜

　　　　　吴翠珊　刘　磊　李双幼　管　澍

总　序

"国家之魂，文以化之，文以铸之。"

习近平总书记关于做好新时代党的统一战线工作的重要思想是坚持"两个结合"、推进马克思主义统一战线理论中国化时代化的最新成果。《福建同心文化丛书》，是福建统一战线贯彻落实习近平文化思想和习近平总书记关于做好新时代党的统一战线工作的重要思想的一项合力之作。

同心文化，作为中国特色社会主义文化的重要组成，其精神之源可追溯于中华文明数千年长河，其思想基础构架于中国化和时代化的马克思主义统一战线理论，其实践之路贯穿于中国共产党百年光辉历程。

2024年10月，习近平总书记亲临福建考察并发表重要讲话，强调"要在提升文化影响力、展示福建新形象上久久为功"。福建，夙称"海滨邹鲁""文献名邦"。山海相拥的地理环境，文脉郁郁的人文历史，薪火相传的红色基因，积淀了多元、包容、开放的八闽文化，成为中华文化的重要组成部分。福建，也是重要的统战工作大省，多党合作传统深厚、五十六个民族融合团结、五大宗教源远流长、民营经济活跃、港澳台侨同胞众多，留下了同心文化发展的独特脉络。

统战工作是做人的工作、做人心的工作。这部书系以"人"为主角，是对中华优秀传统文化内核的追寻和致敬，也是对统一战线本体问题的思考与领悟。他们，有舍生取义的民主先贤，有身披云彩的知识分子，有热爱家国的民族群众，有勇猛精进的高僧大德，有爱拼敢赢的闽商群体，有两岸一家亲的见证人和守护者，有逐浪远行、心系桑梓的华侨华人……他们，还是谱写强国建设、民族复兴团结奋进同心篇章的海内外中华儿女。

与福建统一战线相关的这群人、这些事，经由接续的努力，从散落的资料、尘封的往昔中被更多地挖掘，在萌发的故土、辽远的世界上被更好地讲述。经由他们和他们的故事，我们可以更清晰感受到大道同行的多党合作文化、多元一体的民族文化、源脉千年的宗教文化、爱拼敢赢的闽商文化、同根同源的闽台文化、恋祖爱乡的华侨文化等富蕴同心的厚重文化在福建的呈现。

也许文字在纸面上是无声的，但文字呈现的文化信息、文化思想则是生机蓬勃的，经由人的阅读与理解，经由人的探索与实践，又将推动新的创造性转化、创新性发展。

当我们的征途召唤更多的同行者，当我们的事业需要凝聚

总　序

更多的人心、共识、智慧、力量，承载着"以文铸魂、以文润心、以文赋能"历史使命的这部书系，经过有关领导、专家学者与各界贤达的共同努力，呼应了嘱托和希冀，展开了空间。

我们诚挚地表达感谢，感谢为书系立意推进、关心备至的您，感谢不舍昼夜、伏案写作的您，感谢精益求精、细微考究的您，也感谢正开启阅读、将同赴新程的您。

共溯同心源，共识同心人，共走同心路，共续同心史，共享同心福。同心文化是岁月沉淀的，见证统一战线同行之路；是时代当下的，映照统一战线同心发展的生动篇章；是延伸向未来远方的，行将展开更多的壮美图景。同心文化的精神力量与当代价值，将伴随我们一路同行。

是为序。

福建同心文化丛书编委会

目 录

前言 / 001

第一篇　老字号的开山鼻祖

郑春发：百年聚春园的奠基者 / 005

沈绍安家族："东方黑宝石"的创造者 / 013

王贤镇：让"民天"飘香百年 / 022

洪氏家族：百年洪家茶　闽江家国事 / 030

泉州张泉苑：制茶世家　"茗"扬海外 / 037

吴氏家族：奠定回春药店百年基业 / 044

庄杰赶：造就百年甘味源和堂 / 053

第二篇　声名显赫的商业世家

"电光刘"家族：福州电气时代的开创者 / 061

尤氏家族：福州丝线专卖的"尤半街" / 071

涵江"黄家门"：活跃江浙沪的莆商翘楚 / 078

罗氏家族：纵横福州金融市场的钱庄世家 / 085

第三篇　纵横捭阖的商会先驱

张秋舫：引领福州商界一代风骚 / 095

李郁斋：一代儒商"郁斋伯" / 102

洪晓春：鸿儒巨贾"晓春伯" / 107

蔡友兰：驰骋福州商界的杰出莆商 / 115

邓炎辉：经商未曾忘忧国 / 123

第四篇　壮志报国的商界精英

倪松茂：从实业救国到参政议政 / 133

林梦飞：从军从政从商的传奇人生 / 140

蔡竹禅：漳州现代交通运输业的红色先锋 / 148

倪郑重：从茶师到茶商到茶学家 / 156

吕振万：情系教育的大雅儒商 / 164

江兆文：率先回乡投资助教的港商楷模 / 172

第五篇　驰骋商海的行业翘楚

邱映光："福建木王" / 181

梅伯珍：让白茶"茗"扬天下 / 189

许友义：助推"中国白"遍销全球的先行者 / 196

林弥钜：福建"火柴大王" / 202

陈清河：撬动百亿产业的领路人 / 208

后记　/ 216

前　言

闽商，一个在时间长河中熠熠生辉的名字，一个承载着厚重历史与商业智慧的群体。从唐宋时期的海上丝绸之路，到明清的商帮崛起，再到近现代的商业传奇，闽商以其独特的智慧、坚韧的毅力和敢为人先的精神，在中国乃至世界商业史上留下了浓墨重彩的一笔。《闽商印记——近现代闽商先贤》一书，挖掘并记录了27位近现代闽商先贤及其事迹，是对近现代这段波澜壮阔历史的深情回望，也是对新时代新福建建设的有益启迪。

何为印记？印者，刻于金石而不朽；记者，流于青史而弥新。闽商的印记，是武夷山茶商穿越千年的驼铃回响，是郑和船队七下西洋的帆影幢幢，是近现代闽商先贤们"实业救国"的铿锵誓言。在这部书中，我们既能看到商业世家的事业传承，也能感受到"老字号"创始人创业的艰辛；既能看到商会先驱的纵横捭阖、驰骋商海，也能感受到商界精英的恋祖爱乡、赤子情怀。阅读闽商先贤的事迹，我们能从中领悟到他们从商处世中共同展现的心系家国、爱拼会赢、敢为人先、崇实尚义、诚信为本等一系列优秀精神特质。这些精神特质，正是闽商能够在风起云涌的复杂环境和日趋激烈的市场竞争中屹立不倒、不断前行的关键所在。

当下，福建正深入学习贯彻习近平总书记在民营企业座谈会上的重要讲话精神，全面实施新时代民营经济强省战略，促进民营经济发展壮大。新时代新征程呼唤我们与时俱进地丰富发展闽商精神特质，内化为海内外闽商共同的价值追求，凝聚起奋进新征程、建设新福建的磅礴力量。

为近现代闽商先贤立传著书，既是落实"在提升文化影响力、展示福建新形象上久久为功"的重要举措，也是引导企业家传承弘扬新时代闽商精神特质、勇当新福建建设生力军的现实需要；是对闽商群体的一次致敬，也是对闽商精神特质的一次宣传。希望通过这本书，能够让更多的人了解闽商的历史，感受闽商的精神，汲取闽商的智慧，激励更多有志之士续写"爱拼会赢"的新篇章。

本书编委会

2025年5月

第一篇

老字号的开山鼻祖

走过百年，历经沧桑，许多老字号顽强地活了下来，在新时代坚持守正与创新，焕发坚韧生命力。却顾所来径，苍苍横翠微。正是开创者的智慧和努力，让这些老字号逐渐成为百年老店，为我们留下了金字招牌以及背后的匠心传承。本篇将讲述部分福建老字号开山鼻祖的创业史与品牌发展故事。

郑春发：百年聚春园的奠基者

从聚春园前身三友斋创办时（1865年）算起，福州聚春园已有160年的历史。其间，朝代变换，同行兴衰更替，独留聚春园，见证福州餐饮百年史。谈论聚春园的发展，必然绕不开它的创始人——郑春发（1856—1930）。

练就一手好技艺

在福州的知名民族工商业者中，聚春园创始人郑春发可谓白手起家。他1856年出生，祖籍福清，童年生活贫苦。郑春发早年父母双亡，在东街口白鸽弄附近一家叫源春馆的菜馆里，跟

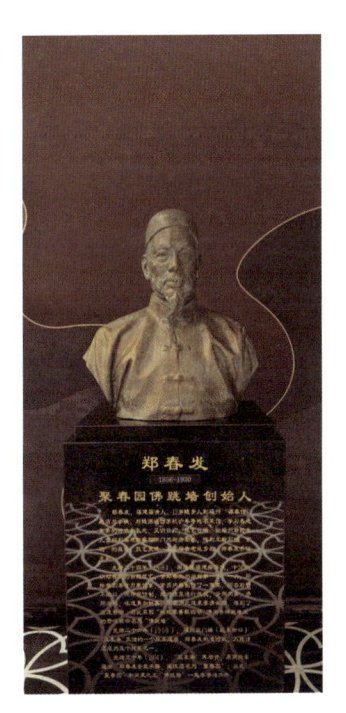

郑春发（张国兴/摄）

着老板叶依嫩学手艺。叶老板见他聪明厚道，待他如自己的孩子。传说叶老板的菜馆因为竞争激烈，市场也不景气，不久就

关门歇业。之后，叶老板带上郑春发远赴苏、杭、京、沪等地学习厨艺。

四年的游历，郑春发厨艺大为长进，为其日后逐渐活跃于官宦厨房做了铺垫。回到福州后，叶老板很快将郑春发介绍到按察司衙门厨房当助手。当时按察司衙门的主厨石师傅是位京厨，能烧一手地道的京菜。看着郑春发年轻勤奋又有不错的烹饪功底，石官厨便传授他不少京菜的烹饪技巧，特别是"满汉全席"的制作要领。石官厨年老回乡后，年轻的郑春发顺理成章升为主厨，已经练就一手纯熟技艺的郑春发很快便得到赏识。因为按察使喜好宴客，郑春发也很快名声大震。各个官府衙门有重大宴会的时候，主办者总是要借走这个主厨。

关于佛跳墙的诞生，据记载：一次，官钱局的官员邀请按察使等人到家宴饮。这位官员知道按察使善辨味，一般的菜肴都已吃腻，就决定由自己的内眷亲自主厨。该内眷别出心裁地把鸡、鸭、鱼翅、刺参、鲍鱼以及鱼唇、蹄爪、鸽蛋、羊肘、猪脚、猪肚等十多种原辅料分批投入绍兴酒坛内，用文火煨制成一道菜。此菜上桌时气味芳香，别具风味，取"吉祥如意、福寿双全"之意，名"福寿全"。果然，按察使听到菜名就满心欢喜，尝味后更是赞不绝口。按察使为日常享用和宴请宾客的方便，即安排郑春发进行仿制。一次，按察使借官钱局宴请之机，叫郑春发前往帮厨。凭着郑春发的机智和功底，很快就将此菜的烹调技艺学到手，并加以改进。等到按察使寿诞时，郑春发即烹制经他改进后

的福寿全。当菜端上席并启开坛盖时,一股香气冲坛而出,充溢厅堂,大家品尝后纷纷点赞。当日位列首席的闽浙总督许应骙,也认为此菜不同凡响,是他平生从未尝过的第一美味。按察使高兴之余,称郑春发为"闽菜第一手"。

后来郑春发自己开办聚春园酒楼,推出此菜。有一天,数位显贵、墨客聚会于此,郑春发捧出经过改良的福寿全,当场揭开坛盖、荷叶,一时香气四溢,满堂生香。有一文人情不自禁,脱口吟道:"坛启荤香飘四邻,佛闻弃禅跳墙来。"众人应声叫好,拍手叫绝,按照"福寿全"的福州话谐音,遂称这道菜为"佛跳墙"。从此佛跳墙大名不胫而走,流传至今。

三友斋股东

随着承办酒席的增多,郑春发开始寻思自己办一家菜馆,既可以继续接办官厨的业务,又可以招徕一些雅士。

郑春发的创业计划相当顺利。三友斋餐馆的股东不久就找上门来,希望已经在福州烹饪行业大出风头且与显宦名流关系好的名厨郑春发入股。

三友斋由福州安民巷的陈氏、北郊的张氏以及福州府衙一绍兴师爷三人合资经营,地址在城中心双门楼北侧,装修豪华。在同治光绪年间,这是福州少有的大型菜馆。只是,三友斋的好生意未能持续下去。戊戌变法失败后的中国,洋行买办众多,福州大量新型菜馆林立于买办扎堆的南台苍霞洲一带，如广聚楼、广福楼、广升楼等，都盛极一时。城区内的菜馆生意深受影响，三友斋也不例外。此外，又赶上了绍兴师爷退股还乡，三友斋两股东急于寻找有资金又能周旋于交际场的新股东。

看到三友斋有发展余地，郑春发决定入股。他加入后，虽然一段时间仍沿用三友斋名号，但是内部已经开始大力整顿更新，重新制定经营管理方案。三友斋的生意逐渐有了起色。

成为独资的聚春园

三友斋原股东的确没有看错，新股东郑春发很快就把三友斋带进了交际场，获得了不少承办宴席的机会。但郑春发八面玲珑、积极大胆的经营风格并未得到原股东赞赏，他们对增资扩大经营并没有信心，也无兴趣，便先后要求退股。郑春发于是将他俩的股份全部接收过来。1905年，郑春发将独资的三友斋更名为聚春园。之后花大心思改造的聚春园，在每一细节处都体现着他的商业理想。一进门，就可以看到一面牌匾，上面金字横书"聚春园"三字；旁边是一副对联"聚多冠盖；春满壶觞"。当时按察使已升任布政使，这些都是他的书赠。除去那些细心装饰的天井、厅堂，其他摆设则可以看出聚春园的雅致。聚春园后期几个股东的回忆录中有这样的记载："厅内一角还辟有浴室，浴汤从光复路聚仙泉澡堂肩挑而来；其余各厅则四壁悬挂名人书

画。座次陈列鼎彝文物、香花盆景，有的加放古琴、围棋、象棋供爱好者抚弈，有的罗列文房四宝供文人雅士即席赋诗或临池挥毫。"

为了吸引当时喜欢西餐的摩登人士，本来专做中国菜的聚春园特意从上海请来一名厨师专制西餐。

在做好厅堂生意之余，郑春发将馆内天井右侧的二层小楼的一层辟为普通座席，专卖一般酒菜，以满足普通市民的需求。

精明的经商之道

也许是因为善于观察学习，郑春发的经营思路开放而灵活。在其主持聚春园期间，几种经营方式为这家菜馆赢得了不少生意。

其中一种为"出杠"。这个业务主要是满足顾客不方便外出，在家里的宴请需求。聚春园会按顾客的菜单事先做好准备，或将原料担挑到顾客家烹饪，或直接送出熟菜。当年住在福州城郊的文化名人陈宝琛、郑锡光，即是聚春园这一业务的常客。顾客在支付酒菜的正常费用之外，只需要另外付一点彩钱。这种方便顾客的业务逐渐在聚春园的业务中占到较大比重。

另一种是出售"一品钴"。一品钴是一种锡制的扁圆形盛器，分成四格、八格、十格等不同规格。钴中装有全鸡、全鸭、鲍鱼、刺参等各类上等菜肴，是一种馈赠亲友、长辈的绝好礼品。每格盛什么，由送礼人自己选择，店里的小工会按约定的时

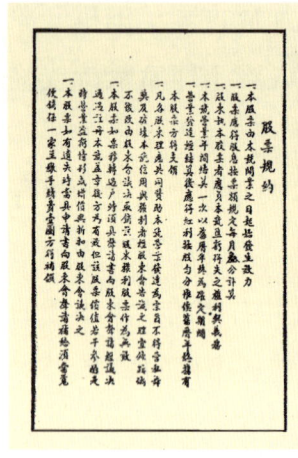

民国时期的聚春园股票（邓入钦/供图）

间送到收礼者府上。收礼者自己加热调味之后就可以食用了。

还有一种是发售席票。席票是一种礼券性质的有价证券，相当于现在的商场代币券。这种礼券在郑春发接管三友斋之后就开始发行，分为满汉全席票、鱼翅席票、燕窝席票和鱼唇席票四种。因为用途广泛，这种席票不但流行于福州市面，也出现于京、津、沪、穗等地，这项业务对聚春园的资金周转起了很大的作用。

事业接棒

1925年，聚春园举行了轰轰烈烈的开业60周年庆祝活动。庆典历时两周，其间降价销售、遍发请帖，宴请官绅富商、名流新贵，正如郑春发预想的那样，为聚春园广开客源发挥了很大的作用。

这一年，郑春发也已70岁了。他在安民巷住宅内办过寿庆

郑春发：百年聚春园的奠基者

后，感到年事已高，加上体衰多病，就将店务交给邓世端掌管，自己只是有时来看看、问问。1927年，郑春发将聚春园店业正式盘给邓世端等继续经营。1930年1月24日，名厨郑春发逝世，终年75岁。聚春园的郑家时代从此画上句号。

郑春发去世后，聚春园的经营者几经更替。1950年，福州市人民政府将聚春园收归国家经营。一百多年来，聚春园的几代名厨不断对佛跳墙进行改良，现在的佛跳墙用料更加考究，烹调更加严谨，已传承至第八代传承人杨伟华。

2023年，聚春园集团投资建设和运营管理了全国第一个以闽菜为主题的博物馆——闽菜文化博物馆，设置有佛跳墙展厅，呈现佛跳墙的用料、做法、历史文化。馆内包括聚春园在内的闽菜发展史上的三家名店被集中

聚春园八代传承人（张国兴／摄）

聚春园（张国兴／摄）

复现于一条大街上，热闹市井重现眼前，令人仿佛置身于闽菜发展变迁的历史长河之中。郑春发，无疑是闽菜长河中极为闪亮的一颗明星。（郑芳）

参考文献

1. 郭仁宪、方炳桂：《百年聚春园》，海峡文艺出版社。

2. 金醒斋等口述：《闻名中外的福州聚春园菜馆》，中国民主建国会福州市委员会、福州市工商业联合会编：《福州工商史料（第二辑）》，1985年。

3. 强祖干、金醒斋、邓浤昌：《聚春园旧忆》，《福建文史资料（第12辑）》，1985年。

沈绍安家族:"东方黑宝石"的创造者

曾经,外国船只驶到闽江口岸,船上人员必到福州买一两件沈绍安脱胎漆器。福州脱胎漆器,是被西方称为"东方黑宝石"的一种奢侈品。曾经,沈家脱胎漆器是福州对外贸易的主要产品之一。

从落魄的官僚子弟到弃学从艺;从富人奢侈品到慈禧太后的宫廷玩物,再到让洋人觊觎的脱胎漆器;从家庭作坊到神秘加工场,再到七个分号企业组成的庞大漆器制售网络……这些戏剧性的变化,让沈绍安家族充满了神秘的色彩。

沈绍安:从厌学少年到一代漆匠大师

1767年4月,沈绍安出生于福州一个落魄的官僚家族,谁也没想到,这个孩子后来却成了一代漆匠大师。

清乾隆时期,因承平日久,皇宫生活奢靡、注重享乐,内臣到处张罗民间艺人为皇室雕琢玩赏用具。当时,福州寿山石刻名艺人杨璇、周尚钧等被征为皇帝御工。这对当时的手工艺人来说,是一件足以让人仰慕的事情。

年少的沈绍安并没有一开始就表现出在漆器这门手艺上的天分。他和其他学艺的一样，学徒、出师、开店，接琐碎的活，赚很少的钱，过简单拮据的生活。奇迹出现在他去修了那块金字横匾之后。

那天，沈绍安到衙门里替官员修理金字横匾。他发现该匾的金字表面虽已褪色，但里层由夏布裱褙的底坯却坚固如新，遂引发他复兴传统工艺的念头。这种技术又称夹纻技法，早在我国南北朝时已有，但早已失传。心灵手巧的沈绍安在李仿宜的协助下，经过不断尝试，终于恢复了夹纻的制胎技法，并在手法、材料上有所创新，成就了轻巧牢固、古朴大方、独具艺术魅力的工艺品，他取名为"脱胎漆器"。这项工艺创制，为沈绍安成为上层艺人做了铺垫。

做漆匠的时候，沈绍安在福州双抛桥开了家铺子。沈绍安最初制造的漆器，主要用于上层社会的应酬，以及富家女子做嫁妆用的茶箱、烟箱、首饰盒、提盒、佛像等。由于脱胎漆器是沈绍安开创的，其制造销售仅此一家，这让沈家生意一时间异常红火。

富足起来的沈绍安倒并不过于功利。沈家曾经一直高挂一幅沈绍安的肖像图，图中的沈绍安手执钓竿，身穿棕衣，神采奕奕，逍遥自得。据沈家后代介绍，这幅画是采纳京剧中"八百载"的故事，自比姜尚在渭水钓鱼，不事招徕，把顾客比作周文王，表达识货前来、愿者上钩之意。

沈作霖：制定沈家家规

沈家在脱胎漆器的传承上，接连几代都是一脉单传。沈绍安只有一个儿子沈初朱，沈初朱也只有一个儿子沈作霖。在沈初朱时期，是沈家手艺和生意稳定发展的阶段。当时，福州被辟为通商口岸，与外国的交流空前繁盛。这一时期，沈初朱为家族的独门手艺开拓了国际市场。他模仿西方造型，迎合欧洲人的喜好，生产各种烟斗、茶具、花瓶等。

沈作霖育有六子。对于手艺的传承来说，这的确是个问题。如果六房都学手艺，将来会互相竞争，技术秘密也就不能保守。为此，沈家立下家规：技术方面，传内不传外，传长不传次，传男不传女，传嫡不传庶。财产方面，上一代的动产与不动产，只分给没有学艺的子孙，让他们转业安排生活。学技艺的后代，不但无继承上一代物质财产的权利，同时还要负担上一代的债务。

事不凑巧，第五代长孙沈正愭没有生在长房，而是生在次房。在这种情况下，沈正愭的学艺要求得到不少上一代人的反对。但这也无法阻止他学习制造漆器。成年后的沈正愭开设了沈绍安愭记，自己也以手工业者的身份从事生产销售。

实际上，沈绍安愭记仅仅是沈绍安后代分立的众多门户中的一个。到沈绍安第五代，沈家不同人开设的字号林立，其中仅第四代长房沈允中派下就有四家企业——沈绍安正记（沈绍安镐

沈绍安悃记脱胎薄料寿星（沈绍安漆艺博物馆／供图）

记）、沈绍安悃记、沈绍安恺记、沈绍安愉记。除沈作霖之孙沈正镐所开的沈绍安正记和第四代沈允华的儿子沈幼兰所开的沈绍安兰记外，其他几家都只有家庭作坊的规模。

对于当时的艺人来说，最高成就莫过于作品进入宫廷，受到皇室赏识。当时的闽浙总督许应骙为了取悦慈禧太后，花费几百两银子买了一批脱胎漆器送给慈禧太后。脱胎漆器由此进入皇室宫廷。慈禧太后也因此赐予沈正镐、沈正恂兄弟四品商勋、五品顶戴。

由于有皇室的赏识，脱胎漆器在国内更加风靡，沈氏将这个时代视为家族的黄金时代。

沈正镐：秘密工场如小姐闺房

到沈作霖执掌家业的后期，市场上开始出现许多仿制品，沈

家的业务受到了影响。

在这种情况下，沈家对自己独门手艺的看守更加严格，不只是在家族内部以家规的形式严格保守脱胎漆器技术，对于民间艺人参加设计生产也是严守秘密。

雕塑艺人张振奎在当时是一个塑造名手，沈正镐将他聘至自己的企业里，美酒佳肴，殷勤礼待。但为了保守秘密，沈家特地在企业楼上设了一个小房间，俨如封建时代千金小姐的闺房，不但其他技工不能上去，连送茶供饭也不让学徒担任，特地向外雇用一个女佣，专门替张振奎做些杂役。

在当时执掌家业的沈正镐看来，脱胎漆器技术是维系家族延续的金饭碗，技术保密的重要性高于生命。

在保守秘密的同时，沈绍安的后辈们也很重视公关，这种看似张扬的方式让沈家声名鹊起。

1910年，清王朝在南京举办了一场南洋劝业会，广泛征集民间产品。沈绍安镐记、沈绍安恂记都将产品送去参展。执掌沈绍安镐记的沈正镐在展会上又获得了一等商勋、四品顶戴的荣誉，这让沈氏脱胎漆器的身价又一次倍增。

沈家作品也不断参加各种国际展览会、博览会。比如1900年法国巴黎世博会、1910年美国圣路易斯博览会、1911年意大利觉兰多博览会、1914年德国柏林卫生展览会、1924年英国伦敦博览会、1934年美国芝加哥博览会、1937年美国旧金山万国博览会等。在这些展销会上，沈氏脱胎漆器获得的不只是国际人士的赞赏及各种奖章、奖状，还有市场销路。在闽海关旧档案上，还可以查到这样的数据：仅1920年输出的脱胎漆器，价值44063银元，其中主要是沈家的产品。

沈幼兰：另起炉灶，拓展商机

在沈绍安第五代中，沈幼兰是另一个关键性人物。

沈幼兰，生于1890年，是沈绍安嫡系后裔、第四代沈允华的儿子。14岁的沈幼兰因为家境不宽裕，只念完6年私塾，就到沈正恂开的恂记脱胎漆器店去学艺，19岁出师后当上技工兼经营管理，颇得沈正恂的器重。

在南洋劝业会上，沈幼兰第一次看到中国手工艺品荟萃的盛况。同时，沈家获得一等商勋、四品顶戴的头衔，

沈绍安兰记脱胎漆器店（仓山塔亭路53号）
（池志海／摄）

名利双收的荣耀给这个年轻的小伙子很大刺激，他此时暗下决心，应当另起炉灶。

1915年，24岁的沈幼兰离开恂记开始自立，到洋人密集的仓山塔亭路开店营业。凭借五口通商后福州仓山的地理优势，生意很快繁盛起来。他为兰记漆器店印制了各种精致的宣传卡，大量散发。在这一点上，沈家其他几个店是没有想到的。很快，兰记声名大噪。

在沈家的众多继承人中，沈幼兰也许是其中最具商人意识的，他擅长另辟蹊径，拓展商机。如每年盛夏，沈幼兰会坐着轿子到洋人避暑消夏的鼓岭设立夏令临时营业部。同时，他还在上海、厦门、香港等地设立代理机构。

因为精于经营，这个曾没有得到家族同意、私自开设分号之人一度成为沈家在生意场上的一个符号。

沈忠英：埋头学艺的女艺人

在沈家的家族史上，这是个多少有些传奇色彩的女子。

当年，沈正镐准备将沈家手艺传给长子沈德铭，然而他并不愿意继承父业，决绝地外出读书。沈正镐顾虑到"金饭碗"失传，便答应让小女儿沈忠英学艺。因为毕竟是女子，担心将来手艺传到外姓人家，于是便多了一则苛刻的条件——要学艺就不能嫁人。这个年少的女子欣然接受了父亲的要求，开始常年足不出户地埋头学艺。

只可惜虽然沈忠英完全继承了父亲的手艺，成为沈绍安第六代中的技术代表，但她因为不懂经营，无法在动荡的商场上支撑起沈氏企业。

沈绍安镐记自沈正镐去世后，无人主持，只是靠着沈忠英的技术做些零星生产。此后，沈德铭又弃官从艺，掌管了漆器店，但此时的镐记已经名存实亡。

沈德椿："沈金漆"锦上添花

沈德椿早年分别在恂记、兰记学艺，出师后又一直在兰记工作了7年。

1942年，沈德椿与哥哥沈德彬开起了沈绍安德记漆器店，成为沈氏家族中以"沈绍安"冠名的第七家分号。沈德椿是一个在上色方面相当出色的巧匠。他为脱胎漆器创造了"沈金漆"这一工艺。

1952年，以兰记为班底成立了公私合营的福州脱胎漆器公司（福州第二脱胎漆器厂前身）。1956年，沈幼兰、沈忠英进入新成立的福州工艺美术研究所，继续发挥自己的精湛技艺。

2020年，沈绍安漆艺博物馆在朱紫坊芙蓉园成立，这是福建唯一一家以漆艺为主题的博物馆。（郑芳）

沈绍安家族："东方黑宝石"的创造者

沈绍安漆艺博物馆内景（沈绍安漆艺博物馆/供图）

参考文献

黄时中：《福州漆器》，中国人民政治协商会议福建省福州市委员会文史资料工作委员会编：《福州文史资料选辑（第八辑）》1989年。

王贤镇：让"民天"飘香百年

青年王贤镇
（黄淑惠/供图）

20世纪30年代，王贤镇（1905—2004）算得上是福州城里的青年才俊。他受过严格的西化教育，有着满腔的工业救国热情。从福建协和大学毕业后，他筹集资金开办了一家民天食品厂，并努力践行"以民为天，实业建国"的理念。经过90多年的发展，"民天"这个老字号，已经成为"舌尖上的福州"发展和兴盛的见证者，镌刻在老福州人记忆中。

佃农的商业理想

1905年，王贤镇出生于福州。这个在清末出生的男孩，虽然没过几年便碰上了朝代更替，但运气比他祖辈好得多。

王贤镇小时候，父亲王孙崇已经是商行老板，在上海、福州

开设了商号，经营着南北土产批发生意，还与他人合伙兼营铁行。但这个家族富足的历史却并不长。

王孙崇的生意并非继承祖业，他的父亲只是一个佃农，生活过得非常艰苦。为了改变窘境，佃农父亲将四个儿子先后送进城里的店铺当学徒，试图通过这种途径改变王家的面貌。王孙崇也终于不负所望。

这个靠做中间商起家的商人为他的三个男孩提供了优越的读书条件。作为长子的王贤镇，8岁就被送入私塾，这为他日后成为福州商人中博览四书五经、能做古体诗词文章的少数人打下了坚实基础。

热血青年的创业

1921年，王孙崇去世。对于刚刚富足起来的王家来说，这的确是个不小的打击。王贤镇当时才16岁，而最小的弟弟王贤樵还没有满月。

王孙崇留下的几万元遗产成了王家度日的依靠。靠着王夫人的勤俭持家，王家三兄弟完成了学业。

王贤镇后进入教会举办的福州英华中学上学。这个学校的教师多数是美国人，所教的数理化和文科课本都是英文原版。

在英华中学读书期间，和其他的热血青年一样，王贤镇开始萌发"实业救国""工业救国"的理想。中学毕业后，他进入福建协和大学学习化学。

1931年，王贤镇大学毕业，他决定开办一家酿造酱油和酒的企业。这年的端午节，王贤镇在福州市郊洋浯创办的民天食品厂正式开业。食品厂投入的1万多元股金分为10股，王贤镇3股，二弟王贤治2股、三弟王贤樵2股、王贤镇妻弟陈锡煌3股。

一家取义"民以食为天"的小厂就这样诞生了。王贤镇出任经理，并聘请了一批懂酿造知识的好友。这家大学生开办的食品厂一开业就引起了同行的不少非议。民国时期的福州，甚至是整个中国，鲜有大学生愿意做传统的食品行业。原因很简单，酱油、米酒是人们日常生活的必需品，市场上多有销售。这种手工作坊众多的行当看起来并不需要多少技术，王贤镇的举动自然让同行不理解，当然，这并不妨碍他在福州酿造行业胜出。

民天的扩张

聪明的年轻人王贤镇不只有热情，也不只是满足于普通的作坊式酿造。王贤镇的目标是，让民天成为这个必需品行当的名牌货。

从学校学到的西式酿造工艺和与生俱来的商业基因很快就让民天家喻户晓。当时，福州传统的酿造方法，一般发酵时间都在一年以上，王贤镇则加以改进，使发酵时间大大缩短，同时还在手工操作的基础上，逐渐改用机械生产。据20世纪40年代进入民

王贤镇：让"民天"飘香百年

天工作的老工人高尔鸿回忆，民天是福州酿造行业中最早使用锅炉高压锅来蒸料的，这种方法让产品的产量和质量都大有提高。除此之外，福州酱油都用豆、麦做原料，民天则专用黄豆，酿出的酱油味道特别香醇可口。这种名为"豉油"的佐料，一投放市场就被民众接纳。

王贤镇当年的另一得意之作，是首创了福州名酒"四半酒"。福州酿酒的历史很久，一般两包（340斤）大米出酒五六缸。王贤镇希望通过工艺改进，酿出更好的酒。此时，王贤镇的小弟王贤樵也从福建协和大学化学专业毕业，两兄弟琢磨出一种新的配方和工艺，使两包大米只出四缸半酒。据说这种酒，色选其淡以仿绍兴酒，味有顺有辣则选其顺者，香者必须过夏，使消费者举酒，杯未到口先闻酒香。

在"豉油""四半酒"之类的名品被福州人接受的同时，民天也迅速扩张。1932年，王贤镇在观音井开了民天第一家支店，之后每年增开一家支店。小桥第二支店、三保第三支店、双门前第四支店、南门兜第五支店、南街第六支店等，均位于福州繁华地段。南街支

民天观井门市部（黄淑惠/供图）

店之后改为茶室兼餐厅，装修讲究，一度成为福州新派年轻人的聚会场所。1939年，王贤镇在大桥头开设民天总店。不久，民天的生意扩张到糕饼上。总店后的工厂开始兼做中饼，观音井第一支店隔壁的著名糕饼店兴隆西饼店也被民天接收，生产西饼。此时，"民天"已经成为福州酱鳍行业中经营范围最广的字号。

王贤镇的商业基因

王贤樵曾评价哥哥王贤镇是个"开明资本家"。所谓开明，民天的老工人高尔鸿解释为头脑开放、思路新颖、善于管理，这成为王贤镇仅用20年时间闻名福州工商界的利器。

据王贤樵回忆，王贤镇掌管民天期间，并不像其他家族企业，除去开支的收入都成为老板个人的。王贤镇当时的身份和今天的职业经理人有几分相似，也和其他民天员工一样，领取一份固定工资。除去股东的分红，盈利几乎都用于企业的扩张。这让王贤镇成为此行业开连锁店的第一人。为了保证产品质量和企业信誉，王贤镇并不主张外人加盟，而是坚持只开直营店。

企业规模的扩大必然需要大量的店员支撑。王贤镇的精明之处在于善于用人，而这也是他晚年时最得意的地方。据说，王贤镇退出民天后，民天的老员工自发组织了一个"民天老员工互助会"，四五十个老员工每次活动时都会把这个老东家请上。而每年王贤镇的寿辰，这些老人也会主动来拜寿。

王贤镇：让"民天"飘香百年

当然，这和民天当年的制度不无关系。王贤镇制定的制度是奖惩分明，一般都重赏轻罚，凡在民天工作的时间越长、贡献越多的员工，待遇越是丰厚。企业的管理人才也多从学徒中培养。"我们当时进来做学徒，都是被王贤镇逼着去学写字、记账"，从学徒工一路做到大桥总店会计的高尔鸿还清楚地记得做学徒工的情景。

民天厂的另一项制度更让其他企业员工羡慕。王贤镇每年会拨出一定款项作为全厂员工福利金。民天曾试图办全厂员工的养老金，养老金分为三等，甲等每月交1元，加满80元支回100元；乙等每月交5角，交满40元支回50元。后来因为国民政府货币贬值，便将已交钱款以实物折价退还员工。

这些举措让民天在激烈竞争中平稳扩张。

王贤镇（前排右三）在老厂与民天员工合影（1938年）（黄淑惠／供图）

战乱中的短暂春天

1937年，正当民天事业逐渐发展之际，全面抗战爆发，福州时局动荡不安，许多工商业宣告破产。民天虽仍维持经营，但已受到严重影响。王贤镇于1938年携家眷避往上海。1943年，时局稍稳定时，王贤镇回到福州，重振企业，将民天的经营范围扩大到了糕饼糖果、干果蜜饯等。企业员工也发展到了200多人。

1945年10月，民天食品厂获得核准，开始正式使用"民天"商标，专利权20年。民天成为福州最早使用注册商标的企业之一。只是，这仅仅是民天的短暂春天。福州解放前夕，身为民盟地下组织成员的王贤镇因为多次从经济上支持民盟活动，引起了反动政府的注意。1949年6月的一天，王贤镇在位于福州仓山的一处住宅门口中了特务一记冷枪，所幸没有重伤。之后，王贤镇离开福州前往台湾躲避风声。在这期间，民天暂由王贤樵掌管。

1950年以后，王贤镇协助政府人民做了不少卓有成效的工作：组织会员们进行工商业登记、重新估算财产、主动纳税、踊跃购买公债券、捐献飞机、支援抗美援朝等。1951年他加入中国民主建国会。

王贤镇在1953年就主动将民天食品厂交给政府进行公私合营改造。虽然以后他只担任民天食品厂名誉厂长，但仍然十分关注厂里生产经营状况，经常抽空回到厂里考察，随时为技术人员解

答配方、酿造等方面的疑难问题，有时还应邀举办技术传授班，以满足对新招进厂的工人们进行业务培训的需求，与工厂各方的关系依然十分融洽。

从1956年起，王贤镇历任福州市工商联副会长，省工商联常委、秘书长，福州市民建第一届委员会副主委，省民建第一届委员会副主委兼秘书长，省民建第二、三届委员会顾问。曾任福州市政协委员、常委，福州市人大代表，第一届省政协委员，第四、五、六、七届省政协常委，第一届省人大代表，副厅级干部。

1991年10月21日，民天食品厂举行60周年厂庆，王贤镇被厂方邀请坐上主席台。看见会场上大多是以往老员工的后代，他高兴异常，眉开眼笑地说道："见到你们接过父母的班，我很高兴！我王贤镇实业为民，才把厂名叫'民天'两字，就是为了让一代代人工作得更好，生活得更好！希望你们超过自己父母这一代人，多搞科研，多出新品，让这个中华老字号牌子，世世代代传下去，闪光下去！"

王贤镇于2004年谢世。他以百岁高龄，实践了终生"以民为天，实业建国"的理念。（郑芳）

参考文献

1. 潘亮：《福州"民天"老字号》，《闽都文化》2017年第3期。
2. 《福州的酱园鳝行》，中国民主建国会福州市委员会、福州市工商业联合会编：《福州工商史料（第二辑）》，1985年。

洪氏家族：百年洪家茶　闽江家国事

20世纪40年代，乘坐汽车对许多普通人来说都是一件奢侈事，而乘飞机往返福州厦门更是想都不敢想。可1945年在厦门集美念高中的洪植城，福厦往返的交通工具正是飞机。这背后体现的是当年福州以制茶售茶为业的庞大家族——《福州市台江区志》中所记载的"刀牌香烟洪家茶"中的洪家——的经济实力。

洪天赏（洪植城／供图）

从兼营航运到专营茶叶

洪氏祖籍金门，洪天赏是家中第一位来福州创业的。因为早年做航海船员的便利，他兼带做些南北土产的生意，随航船往返于金门、厦门等地。一次，洪天赏遇上海难，在海上漂浮两天后得救，这让他决定退出航运事业，全力经商。此时，中国社会正处于清朝末年，社会极其动荡。洪天赏在此时觉得经商有利可图，开始分析如何起步。当时，茶叶、木材、笋、纸是福建的特产，而茶叶居首位。一家小规模、手工作坊式的茶厂就在福州台江一带诞生了，这家店成为日后洪家庞大茶叶制售链的雏形。

洪天赏开始做茶叶生意时，他的儿子洪发绥已经16岁。这个年轻人聪明好学、才智过人。他先以学徒的身份在附近几家大型的茶叶作坊学艺。几年后，制茶技艺已胜过老行家。

作为福州茶叶产业化的领头者，洪氏家族体现了他们与众不同之处：他们曾经在同行还不了解外面世界的时候，就在20世纪30年代把洪家的茶叶送到世界博览会参展，并从那里捧回一枚银牌奖章；他们成立了研究室和机械化生产筹备组，成为全国较早实现手工加工茶叶与机械化生产相结合的茶厂。洪家茶厂也因为独一无二的机械化厂房，一度成为当时拍摄电影的基地。

洪家的研究室还利用制茶过程中产生的茶碎茶末，制造各种即冲即饮的方便茶，这恐怕是中国最早的袋泡茶。由于洪家的茶叶大量销往全国各地，其价格和质量等级一度成为行业标准。

洪氏家族在福州商界的地位也日益彰显。洪家二代掌门人洪发绥因为规模庞大的生意、良好的商誉以及乐善好施的性格，一度被推选为福州商会会长，后因行事低调而退居常务委员位置。福州第一次沦陷前，日本人为了控制福州商业，试图找人劝说洪发绥参加维持会，洪家人拒辞不受，匆匆离开福州。

洪家生意的几任接班人

在洪家茶发展史上,洪天赏是创业者,两任接班人将家族的茶叶生意进一步发扬光大。

1902年左右,学艺回来的洪发绥跟随父亲发展洪家茶。在其执掌洪家生意期间,洪家茶的市场逐渐扩大。尽管随后中国茶叶公司、扬子公司等官僚资本插足福州,民族工商业受到挤压。本地茶叶经营一度陷入困境,不少小茶厂或改行或倒闭,唯独洪家茶能在困境中发展壮大。洪发绥在日记中记载:"民国二十二年(1933)终结账自有资金621万元(不包括不动产及上海康元厂、福州电灯厂股票等),超过经营所需资金,应谋扩大经营或另谋资金出路。"

洪发绥(洪植城／供图)

如洪家后代洪植城所言,"一个家族企业的发展,必定是有人拥有专门的才干",洪发绥这方面表现得尤其明显。日后接班的洪植城父亲洪汝方时常和他的孩子们谈起,"我不如你们的祖父"。

洪发绥似乎天生具备生意人的头脑,思维清晰,行动干练,经常能准确无误地同时处理几件事情。据洪家后人回忆,洪发绥常常一边接待客人商谈业务,一边接电话处理业务,一边回复商

洪氏家族：百年洪家茶　闽江家国事

业信函。洪发绥对数字非常敏感。在洪家茶厂，每天都需要称量花制茶，他经常自己完成这个工作。称量时，他不用笔记，不用算盘，口头就能立即算出得付多少钱，所有数字跟旁边伙计计算得丝毫不差。在1933年的美国芝加哥世博会上，"洪字茶"获得了银牌奖章，洪发绥成了名副其实的一代"茶王"。

设计独特的洪家茶楼也能显现这个商人的与众不同。洪家茶楼的天花板分为两层，里层为玻璃材质，外层是可推移的木窗，通过移动木窗来调节室内光线，辨别样品茶的品质。这样的茶楼在当时的福州是独一无二的。

洪发绥的另一过人之处在于善于用人。洪发绥有8个儿子，在他们陆续长大成人的过程中，洪发绥已经为不同性格的儿子们选择了适合各自发展的位置。长子汝端性格沉静，便将家业中的家政和房产部分交给他管理；性情活跃的四子汝正则负责洪家企业的对外交际事务；观念保守、行事谨慎的五子汝直获得了财务会计的职务；思维开阔的二子汝方则担起了家族企业中产销经营的部分。

在洪发绥的8个儿子中，次子汝方继承了其看人的能力。洪植城，洪汝方长子，1926年出生于福州。这个洪家的长孙虽然一直在学校读书，并没有机会真正介入家业的管理经营，但洪汝方早已将他定为洪家事业的接班人。1945年，洪植城进入厦门集美念高中。这位年少的洪家子弟往返福厦的交通工具是飞机。在洪植城众多的福州同学里，也只有他选择这样的方式。据说，当时单程机票价格是一钱多黄金。实际上，洪汝方当年也只是支付了儿子第一趟往返机票，之后的交通费基本靠洪植城自己赚取。洪家在厦门有众多的生意伙伴，洪植城可以直接从他们那里买黄金带回福州卖，不用立刻支付现金，只需要开一张支票，对方日后可以带着这张支票找洪家兑换现金。福州和厦门的秤有新旧区别，一两黄金的差价与往返厦门的机票钱相当。这也可见洪植城的商业头脑。

"洪字茶"的低迷与复兴

1937年，抗战全面爆发，同年10月，日军入侵福建沿海。福州市场陷入极度的混乱，商店昼关夜开，政府部门陆续迁往南平、永安。

洪发绥也带着洪家大小迁往厦门鼓浪屿及香港等地。福州的家业只剩下洪汝方一人打理。此时，洪家在十四桥附近购买的原计划用来建设机械化新厂的百亩地，也因为战争影响而搁置。

1943年，回到福州的洪家像其他家族一样，元气大伤，资金不足，难以维持原有的生产规模。到1948年，洪家茶叶年产量只剩下3000多担。因为资金周转困难，洪家企业开始以自营为主，代客加工为辅。

1946年，洪发绥去世。为适应当时的市场变化，洪家兄弟决定采取快进快出的多种经营方式，按个人所长各自分业经营。当

洪氏家族：百年洪家茶　闽江家国事

时，看到农村普遍缺少肥料，洪汝方开始兼营建丰豆饼厂及胜春仓储公司；洪汝端则在福州下杭路上开办了一家建平商行，开展代客代理业务；洪汝正、洪汝直两人成立了一家宏发茶行，业务转向广州、香港、台湾。只是，洪家兄弟试图重振家业的梦想并没有最终实现。国民党败退台湾前后，时局动荡，因洪家原已运往广州、香港、台湾等地的茶叶和其他货物，因在战乱中无人管理，钱货两空、血本无归。从此，洪家盛极百年的茶叶生意濒临破产境地。此时，洪家的生计只能靠厂房、店屋的有限租金维持。

1955年1月20日，从国民党军队的飞机上投下的燃烧弹，烧毁台江大片房屋，洪家的厂房、住宅、家祠以及几处出租的店屋都化为灰烬。

洪家茶业从此销声匿迹，洪家茶的制作秘方也在国内失传。

1993年，洪发绥的遗孀张素贞，在离开43年后重回福州，带回了洪家的秘方等。洪家茶第四代洪植锦，凭着重归福州的洪家茶秘方，深研数年，终于在福建省农业科学院茶叶研究所技师刘敦的协助下，让百年洪家茶的非遗红茶名品"青岐岩莲香"重现。

2016年，洪家茶"福胜春"被福建省商务厅评为福建老字号。2018年，百年洪家茶红茶制作技艺被列入福州市非物质文化遗产项目保护名录。目前，福州、武夷山、上海、杭州、苏州等多个城市都设立了百年洪家茶非遗传习所。洪植锦也将复兴洪家茶的使命传给了女儿洪卉。百年洪家茶已传承五代。薪火相传，一罐茶叶、一纸茶方，记录了一段传奇故事，也为福建历史增添了一抹色彩。（郑芳）

参考文献

蓝秀楠：《百年洪家茶：走向世界的福州好茶》，《福州晚报》2021年12月7日。

泉州张泉苑：制茶世家 "茗"扬海外

泉苑茶庄已有近200年历史，按照鲤城文史资料的说法，是泉州城内的第一家茶庄，曾蜚声东南亚及日本。泉苑茶庄见证了百年来泉州的发展变化，同时也为商贸往来频繁、海外侨亲众多的泉州乡情文化传承留下了一段传奇的故事。

父子同心创业

泉苑茶庄的创始人张白源是泉州府同安县人，草根出身，白手起家。清嘉庆年间，张白源携其子满水到泉州城谋生。一开始，父子俩肩挑茶叶，走街串巷叫卖。经过一段时间的观察和调研后，他们选择在各色商贩往来最为频繁的涂门街的胭脂巷口摆摊，主要出售武夷山的茶叶。经过多年苦心经营，嘉庆十八年（1813），张白源终于攒够了钱，购置了胭脂巷口的店面，从摆摊转为开店营业。这也是泉苑茶庄的第一家茶叶店。

茶店的名字源自父子俩的名字，体现了这对父子的同心同德与齐心协力："泉"字，除指明开店在泉州外，"泉"字为上下结构，上面是张白源的"白"字，下面是儿子张满水的"水"字；"苑"，由于五代两宋间建州北苑是著名的贡茶产地，在武夷山经常有茶山、茶厂称为"某某苑"，茶店也常称"某某苑"。

在张满水的经营下，泉苑茶庄略具规模，逐渐有了名气。到第四代掌门人张聪明时，曾宴请泉州名流，席间征得一联"泉南佛国无双品；苑北仙家第一春"，作为茶庄门联。末代帝师陈宝琛也曾慕名前来品茶，盛赞其为"茶中至尊"。1898年，在陈宝琛的推荐下，张聪明挑选泉苑茶庄的五种茶品参加巴黎世界博览会，获得铜奖。这在当时的泉州城和海外华侨中引起热烈反响。

张伟人（张维平／供图）

泉苑茶庄商标（张维平／供图）

茶庄的全盛时代

泉苑茶庄的全盛时代，是在第六代掌门人张伟人（张骏）经营期间。在张伟人接手之前，茶庄面临困境。1916年茶庄虽有库存岩茶价值四万余元，但自身负债也达四万元。1917年正月，茶庄又遭遇火灾，储存在店中和栈房的岩茶

泉州张泉苑：制茶世家 "茗" 扬海外

化为乌有。为了避免出现经营权旁落和百年招牌外流，张伟人拒绝了族人提出的引入外资合营的建议，从妻子娘家借来资金，克服重重困难，独自经营，实现泉苑茶庄的东山再起。

熟悉武夷岩茶的人都知道，岩茶为发酵茶，发酵之后的陈茶，会有一股特有的陈味。张伟人接任茶庄后，在先辈们用新茶和陈茶混合方式制茶的基础上，借鉴了茉莉花茶的制法，创造了拼配工艺（窨茶）。他选用香味不同的花和陈茶混合密封，让花香窨入茶叶，减轻茶叶的陈味。经过不断尝试和调配，他最终选定树兰花、桂花窨茶，且花的比例在5%左右，此时花香若隐若现，既提高了茶香，又不至于喧宾夺主。经过改进后的茶叶命名为"泉苑水仙种"。

在茶叶的品控方面，张伟人也有自己独特的做法。比如，在拼配茶叶时，设立"堆茶簿"，详细记录不同年份、不同茶厂出产的武夷岩茶，并且经筛选后分出等级，用以确定茶叶的品质高低。又比如，立下只采"头春"和窖藏四年方可售卖的规矩。再比如，茶庄卖的茶叶均为"茶芯"，即只取茶叶中最好的三叶芯。由此可见，张伟人在茶叶的品控方面有着超乎时代的先进理念。

当时茶庄出售的茶有多个品类，为了保证货源和产品质量，张伟人逐步建立了稳定的供应链：先是购入磊珠岩、青云岩两个茶厂；1920年前后，又与碧石岩、竹窠岩、幔云岩、弥陀岩住持签订了长期包销契约；1930年，再以三万余银元高价购买武夷山驰名遐迩的茶厂慧苑岩。事后，张伟人得意地对族人说："得此可安天下矣！"当时武夷山年产茶叶约千箱，每三箱为一百市斤，泉苑茶庄控制的货源占了一半。

张伟人的不少经营理念，哪怕放到现代，也有很多可圈可点之处：譬如，茶庄采用产销联合的管理方式。茶店铺面是门市部，店后是加工厂。店员既是营业员，也是生产工人。这样既方便管理员工，也方便管理生产过程中出现的品控问题。

在茶庄的产品定价和收付款方面，也与现代的高端产品营销策略相似：所有茶叶产品均采用门市统一价格出售，没有优惠和折扣，利润较高；不设分店，也不分批发与零售，买多买少都是同样价钱；一律要求银到才付货，绝不赊账、挂账。

在员工管理方面，张伟人注重厚待店员和族人。全店职工20人左右，高级店员及账房（会计），每月工资16银元，其他的10元、8元、6元不等。农历七、八、十二各月双关（加发一月工资），年底有红包送年，金额不等。伙食由店中供应，菜肴较丰，大小风俗节日都有加菜。在店供职的族人，待遇则更为丰厚。

深受海外华人喜爱

清乾隆以来，武夷茶叶贸易繁盛，形成茶叶之路。至19世纪40年代五口通商以后，由厦门出口海外的武夷茶数量渐多，质量

泉州张泉苑：制茶世家 "茗"扬海外

优异，被称为"夷茶"，且售价不菲。经营武夷茶的茶商多为漳州、厦门、泉州、广州、潮州等地的茶帮。泉苑茶庄是其中的重要一员。据许多海外华侨回忆，泉苑茶庄的茶，曾是当年他们返回侨居地必选的伴手礼之一。

究其原因，泉州的海外华侨多居住于东南亚一带，那里地处热带，高温潮湿且虫蚁较多，人们容易得热病。侨亲们发现，热病初期如果饮用泉苑水仙种茶，病症很快就能得到缓解。许多华侨年底回家乡时，喜欢将泉苑茶庄的水仙茶带到南洋。尤其是侨居菲律宾等地的华侨，更是将其视为居家必备的保健良品。时至今日，从菲律宾、马来西亚等地回国的老华侨还会提起，他们的父辈小时候就常喝泉苑水仙种。

清明节前后和春节期间是泉苑茶庄业务最为繁忙的时候。尤其是春节期间，华侨们经常要排队买茶，批量较大的还要预先付款订购，泉苑茶庄的水仙茶也一度被侨商戏称"比黄金还贵"。这一点从20世纪20年代泉苑茶庄的账目明细中可以得到佐证：茶庄每小泡大红袍售价五角、铁罗汉三角、水仙种一角；铁罗汉每罐三元五角；水仙种每罐一元二角，每斤卖十六银元。按照当时一银元可买白米五十斤折算，每斤水仙种可买八百斤白米。茶庄每日营业额有时可达上千银元，每年营业额十余万银元。水仙种对营业额贡献最高，按1925年前后销售额推算，水仙种占全年营业额的80%。

百年品牌复兴

张伟人在经营管理上是一把好手，生财聚财有方，他去世后，制茶世家走向衰败没落。

1939年，泉苑茶庄包销的武夷弥陀、碧石、幔云、竹案四岩茶厂被当时的崇安县政府没收。张伟人去世时，泉苑茶庄存有上千箱武夷茶，但没过几年就消耗了大半。又由于日寇的封锁，海上交通运输基本中断，华侨没有办法回到家乡，泉苑茶庄失去最大的茶叶购买主力——海外侨亲，生意遭受了沉重的打击。

1951年，泉苑茶庄交由职工民主管理；1953年，泉州茶叶行业开始公私合营，水仙种茶和泉苑茶庄并入泉州市茶叶总店。在计划经济时代，水仙种茶以自销为主，主要供应泉州市民，外销数量不多。但外贸部门出口武夷岩茶时，常打上"泉苑"水仙种茶的名号。

泉苑这个延续了一个半世纪的老字号，一度在行业里销声匿迹，水仙种茶也淡出了大众视野。但是第七任掌门人张祖泽依旧苦心传承泉苑制茶、拼配技艺，以重振泉苑。张祖泽给孙子张维平起字"源源"，就是希望他能源源不断地继承并发扬先祖的匠人技艺与精神。20世纪90年代，张维平积累一定资金后，便开始走上复兴祖业之路。他用"源源"二字注册了商标，遵守祖上当

年定下的规矩，以祖辈技艺与经营理念经营茶叶。源源茗茶很快在泉州打响了品牌，后续品牌又加上了"泉苑"二字。1999年，张维平先后在泉州和武夷山创办福建省泉苑源源茶业有限公司，并在武夷山拥有茶厂和茶园基地。经过多年努力，张泉苑家族曾经采用的合作包销、自有茶园和茶山等经营方式重现。沉寂多年的老字号又一次出现在泉州城里，这百年芳茗也重新被人们细细品味。（陈新绿）

参考文献

1. 陈苏：《创建"水仙种"名牌茶叶张泉茶庄及其家族的兴衰》，《泉州文史资料》新六、七辑合刊，1990年。

2. 武夷山市志编纂委员会编：《武夷山市志》，中国统计出版社，1994年。

3. 《百年泉苑茶香飘溢初心匠心源源传承》，《泉州鲤城文史资料》第四十一辑，2023年。

吴氏家族：奠定回春药店百年基业

"北有同仁，南有回春"，回春药店这间始建于清朝乾隆年间的百年老铺，享誉海内外。早年福州人买药就医，无不信赖回春药店。即便在今日，回春仍是福州人心中的名牌药店。然而，在回春200多年的发展史上，交织着一段长达百年的吴氏家族史。正是吴氏家族，为回春这一商号赢得了"南方同仁堂"的美誉。

不一般的发家史

吴氏家族在中药行业发家以及逐渐扩张的过程，和一般的家族企业大相径庭。

吴氏是浙江人，本为一个普通丝绸布匹商贩。而当时的回春则是在福州已经开业几十年的老药铺，全称是"浙江回春药局"，主人是吴氏的同乡张氏。药店的创业者是张氏的父亲。据说，当年，张氏的父亲从浙江仁和县带了一批浙江人到福州开了这间药店。店面招牌只用"回春"二字。药店主要贩卖地道

吴氏家族：奠定回春药店百年基业

药材，诸如贵重的参、茸、燕、桂，以及北京成品药紫血丹、紫金锭、梅花点舌丹之类，并制售人参养荣丸等各种丸、散、丹、膏。

19世纪30年代，回春药局的生意从张氏的父亲转到儿子张氏手中。一日，张氏的老乡吴氏从江浙两省贩运丝绸布匹到福建售卖。老乡相遇，倍觉亲切，吴氏就住在回春药店，且布匹卖完之后人先返回，没有结清的货款就委托张氏代收，等到第二年来时再结算。吴氏怎么也想不到，这一结算方式竟让他日后成了回春药店的主人。但当时的回春药局生意做得并不太好，资金周转上遇到困难，张氏便动用了吴氏的布款来维持经营。第二年，吴氏再来福建时，张氏还是无法还清，就和吴氏商量着又借了2000块钱，约定一年后全部还清。只是，张氏仍无法如约偿还，羞愧之下，决定回乡变卖家产还清债务，店里的业务则委托吴氏打理一年。

张氏走后，受委托的吴氏倒是认真料理，回春的业务渐有起色，年终结算还有盈余。只是，这难得的盈余并没让吴氏高兴。回乡的张氏一去不复返，吴氏总觉着这一年的辛苦也只是为他人作嫁衣，自己的丝绸业务却被耽误了。两年之后，吴氏决定将店里的生意托给店员照料，自己回乡寻找张氏。

当时，因太平天国运动，江浙一带局势动荡，别说是找人，不少人自家的亲人都不知生死。回到浙江的吴氏不敢多做停留，让母亲先带着儿子吴华伯、吴芎林前往福州回春药店，自己随后也赶紧回来。

从此，吴氏不得不在福州安家，将回春视为自己的事业管理起来。在吴氏的精心打理下，回春的生意逐渐进入正轨。只是，一件突如其来的事情让吴氏有些措手不及。

一天，一个衣衫褴褛之人在回春药店的门前痛哭，声称张氏是他的父亲。街巷里的人都知道此人虽然也姓张，也是浙江人，却是一个地痞。吴氏因为自己不是店家的主人，打理回春理正言不顺，只好勉强让他住在店里。这个地痞却并不肯就此罢休，又写了诉状告吴氏霸占产业。最后，通过浙江同乡的斡旋，吴氏付了1000多块钱才算了结。

之后，为了确定所有权，吴氏按照福州的商业习惯"添记"。又因顾虑在店前添记，顾客会认为不是老牌子，可能影响业务，只好在店内重门横匾上加"俊记"两字。另外，把原来的"浙江回春药局"印鉴改为"浙江吴回春药局"。

从此，福州回春药局正式易主。

意外库存引出的扩张

吴氏受委托打理回春的第二年开仓晒药时，偶然发现库存还有一大箱太极参，大中小规格都有，共有20多包，每包一斤，总重量就有120多斤。这些都是来自东洋的贵重药品。

这一年八月刚好是乡试的时间，各地来福州应试的举子考完

吴氏家族：奠定回春药店百年基业

试后，往往会就地买些滋补品带回去，馈赠亲戚朋友。回春药店利用这个商机卖出了不少太极参和人参养荣丸之类的补药，获利颇丰，回春的生意也在这一次得到拓展。从那以后，各地的顾客就开始常常托人从回春买补品、补药带回去，回春的业务自此遍及全省。

为此，吴氏开始对丸、散、丹膏的品种进行扩展。当时的南方顾客都偏向北京的补药，回春就将原来从北京购进的货改为自制，并改良了原有的配方。

当时，回春的畅销药品有人参养荣丸、杞菊丸、全鹿百补丸、十全大补丸、桂附八味丸、黑归脾丸、安宫牛黄丸、清心牛黄丸等品种。回春药店此时已经树立起不错的声誉，各地的顾客宁愿放弃本地的药品，转向回春购买。

神奇的周公百岁酒

在回春销售的各种补药中，周公百岁酒最为出名。

在回春鼎盛时期，一年需要酿制周公百岁酒18料，每料用酒1170斤，另需太极参65斤，红枣、冰糖各2106斤。

福州坊间传说，回春的周公百岁酒是店主得了塞外周翁的秘方研制而成。实际上，回春酿制的周公百岁酒，历史不久，也并非回春首创。据说，早年，回春店中一浙江籍店员体弱肌黄，精神萎靡，后经人传授了一药方，炖酒经常服用，体力逐渐恢复。

老板要了原方子看，发现只是类似十全大补丸的配方，仅仅用量略有加减。从此以后，回春就按这个药方试制药酒，以"周公百岁酒"命名。

周公百岁酒很快在民间走红，一跃成为回春的名牌产品。另外，周公百岁酒是温补药酒，回春宣传其"有延年益寿之灵"，服用者不断扩大。许多有钱人为求延年益寿，常买来饮用，或者买来作为馈赠的礼品。沿海渔民也因出海捕鱼，为驱寒保暖，也常服用。

这样一来，周公百岁酒的销量日增，并逐渐成为回春药店的主要盈利来源，曾长期占营业额的40%—45%。

开拓的二代掌门人

回春药店的生意在吴家第二任掌门人吴华伯时期最为鼎盛。

吴华伯是吴氏长子，在其父将药店正式更名为"浙江吴回春药局"时，16岁的他就开始参与药店的经营管理。

吴华伯非常勤奋，也极有经营天赋。在吴华伯接管回春之后，药店业务逐步上升。

吴华伯也为回春制定了很多规章制度，这些一直传承的制度为药店奠定"北有同仁，南有回春"的地位不无关系。

如回春的营业守则之一是"许可赚大钱，不准卖假药"。回春在向药材栈进货时，必定选购好货，保证质量，以增进顾客的

信任。而因为回春的声誉，药材栈也总是让回春先挑选，再让其他药店选购。另外，回春很少做饮片业务，制造丸散丹膏用的都是好药材，而其他药店则是把好的用到饮片上，杂末才拿来制造丸散丹膏，因此产品质量都比不上回春。

当时回春的另一做法是只执行"九五扣兑"的老规矩，遇上农历初一、十五，就再打个九折，和现在商场里的"会员日"做法颇有些相似。这让回春获得了许多顾客的信任。

吴华伯时期的回春，外地业务已经有相当规模。为配合这一块业务的拓展，吴华伯在店内设立了邮售部，专门办理外地顾客的业务。后来回春还特地印发了一种广告单"丸散丹膏全集"，分门别类介绍各种药品性能、价格、邮购办法等。这样做广告，在当时的福州药材行业是一独特创举。

吴华伯逝世后的回春

1920年，吴华伯离世，因为膝下无子，便将回春的管理权交给弟弟吴芎林的长子吴幼华。

1928年，回春业务虽然不错，但由于吴幼华不善于经营又挥霍无度，药店的经营陷入了困境。为了挽回颓势，吴幼华的六姐夫闽侯县商会理事长罗勉侯通过自己的恒和钱庄和台湾银行、三井洋行的关系，替回春从朝鲜购进太极参、高丽参，另一方面他旗下建春茶行的茶叶运往天津售卖时，就地替回春换回名牌高粱酒，以充实药店周公百岁酒的原料用酒。据说，当年罗勉侯从天津运进福州的高粱酒中，有三分之二用于回春制酒，剩下三分之一自己销售。

此外，罗勉侯为了扭转回春的经营困难，专门派了一个账房先生参加回春的财务管理。除掌握收支外，还对吴幼华的日常用度加以限制，每日只给零用钱5元。因此，当时的福州药材行业流传一个笑谈——"回春制度，账房职权大过掌柜"。

罗勉侯的一番苦心，换回了回春业务回暖。不过，罗家当时对回春的支持却是担着相当的风险。罗家的恒和钱庄放给回春的贷款，最高时达到十多万元，这使恒和钱庄的基础几近动摇。1929年，福州的台伏票被禁止发行，钱庄过去靠出台伏票作为筹码对外放款的业务受到严重打击，罗家对回春的贷款不再像过去那样有求必应。

与此同时，因为当时的抵制日货风潮，朝鲜由于被日本侵占，从朝鲜购进的太极参、高丽参制造的丸散丹膏生意受到很大影响。因为货源短缺，回春补药名品人参养荣丸不得不停止制售。周公百岁酒的主要用药太极参，也因为存货不多开始以党参替代。这样，在品种减少、质量降低的情况下，药店业务大受影响，而恒和钱庄贷款金额又减少，回春的资金困境再次出现。抗战全面爆发后，回春药店的经营更是每况愈下。

中华人民共和国成立后，吴幼华长子吴元出任药店经理。1956年，回春药店改为公私合营回春国药商店，吴元任副主

吴氏家族：奠定回春药店百年基业

回春药店（张国兴／摄）

任。几年后，吴元退休，女儿吴惠婉接替父亲，在回春药店当售货员。

2003年，为进一步发挥中华老字号的品牌效应，福建同春药业股份有限公司以"回春"为商号成立福州市第一家医药零售连锁企业——福州回春医药连锁有限公司。古老的回春又重新焕发生机。（郑芳）

参考文献

1. 福州市工商联文史资料组：《有南方"同仁堂"之称的回春药店》，中国民主建国会福州市委员会、福州市工商业联合会编：《福州工商史料（第二辑）》，1985年。

2. 林希春、陈豪籓、屠一道、张震华等：《解放前福州国药行业概况》，中国民主建国会福州市委员会、福州市工商业联合会编：《福州工商史料（第三辑）》，1987年。

3. 福州药材采购供应站：《百年药局——"回春"》，中国人民政治协商会议福建省福州市委员会文史资料工作委员会编：《福州文史资料选辑（第八辑）》，1989年。

庄杰赶：造就百年甘味源和堂

在泉州，说起百年老字号源和堂，可谓家喻户晓，对老一辈泉州人来说，提到源和堂，都会有甜蜜的回忆。闽南地区有着"甜一甜，平安过大年"的习俗。每逢佳节，探亲访友都喜欢品尝一口甜甜的蜜饯。而有着"美名驰五洲，香甜满人间"之誉的源和堂一度成为泉州蜜饯的代名词。如今，源和堂泉州鲤城区新门街的部分旧厂房改造为源和1916创意产业园，正是对这个百年老字号的纪念和致敬。庄杰赶（1901—1958），正是源和堂的创始人。

庄杰赶（尤文辉/供图）

源和堂的源起

庄杰赶，字汉新，人称"源和堂赶"，1901年出生于晋江青阳。庄杰赶早年家境贫寒，10岁时便与二弟庄杰茂走街串巷卖水果。兄弟俩起早贪黑、勤劳节俭，几年后有了一定积蓄，于1916年在青阳镇开了一间水果摊。

那时条件有限，水果无法冷藏保鲜，庄杰赶不忍看着水果腐烂而丢弃，便尝试用食盐和糖将水果腌渍起来，再晒干制成干果出售，没想到深得顾客喜爱。于是，兄弟俩经反复研究腌渍配方，做出了咸酸甜俱全的"李咸饼""七珍梅"等佳品。这算是庄杰赶初涉蜜饯业。

1918年，庄杰赶把水果摊交给二弟经营，自己去厦门一堂亲那里当出纳。不久他又转到一艘远洋货轮上担任总务，随船到过上海、天津、广州、香港等大商埠，也曾漂洋过海，远渡日本、新加坡等地。所到之处，他都留心学习当地蜜饯制作工艺和商品包装，从中积累了不少经验。1930年，庄杰赶辞职回到老家，与二弟共商如何将蜜饯业的生产经营扩大。1932年，他们开始在晋江青阳董厝崎购买土地兴建厂房，购置设备生产蜜饯，后又在青阳宫后街开设门市部。当年曾有人为他题联"源水和甘；和末配制"，横批"堂上家人"。庄杰赶便以此联的冠头字"源和堂"为招牌，而源和堂三字刚好与蜜饯制作的主要配料"盐和糖"有音近暗合之巧。

庄杰赶的蜜饯业之所以能在晋江创建并发展起来，得益于充分利用地方资源优势。闽南地区是水果之乡，且盛产海盐和蔗糖，如此便能为蜜饯生产提供优质的水果原料和低成本的制作配料。加上晋江是福建著名侨乡，地区经济相对富裕，源和堂蜜饯

不仅畅销本地，且远销海外。

全面抗战爆发后，因侨汇中断，源和堂外销业务一度受到严重影响。庄杰赶因此改变经营方向，以产定销，扩大内销渠道，继续稳步发展。待抗战胜利后，交通恢复，侨汇畅通，地方经济复苏，源和堂的销量重新兴旺起来。1945年，庄杰赶还在漳州石码建立分厂，在厦门开设门市部，并借青阳扩建新街道之机，再建门市部。除了扩大蜜饯生产经营外，他还先后经营过粮食、布匹、棉纱、药品等。那时的源和堂，不包括华侨寄存的钱，资本金已达13万银元，雇工200多人，年产量500多吨。

公私合营后的源和堂

1954年9月，源和堂改为公私合营，成为泉州地区第一家实行公私合营的企业。庄杰赶被任命为经理，其长子庄垂应为供销股股长，原工厂100多位职工、技术骨干和擅长经营管理的员工都得到重用。

作为创始人的庄杰赶，在公私合营后依然全身心投入企业的生产经营中，不遗余力地贡献他的管理经验和制作工艺，让源和堂事业发展蒸蒸日上。

1955年，政府决定由福建省华侨投资公司拨款17万元投资源和堂建新厂，选址在泉州市区新门街龙头山一带，次年6月新厂建成。源和堂企业性质变为国营，隶属省轻工厅，庄杰赶仍为

1960年代源和堂厂区晒场（尤文辉／供图）

厂长。

此后，源和堂继续加大资金投入、更新生产设备、扩大生产规模、改进经营管理、改良制作工艺、增加产品种类，再次焕发生机与活力。直至20世纪80年代末，源和堂蜜饯依然十分畅销。

转型升级中的源和堂

2008年，为唤起泉州人对这一老字号的甜蜜记忆，源和堂重新投放广告，加大宣传，重整门店。转型升级中的源和堂保持传统、遵循古法，用柴火蒸煮、陶瓷大缸腌制、阳光晒制，制作出美味香甜的蜜饯。守正延续了蜜饯的原汁原味，守好"咸金

枣""李咸饼""七珍"等老产品的口碑。与此同时,在产品种类、销售渠道及包装设计上不断出新,让源和堂再获新生。

如今,源和堂的部分旧厂房已被打造成一个集创意空间、艺术广场、商务办公与休闲娱乐于一体的创意产业园区。昔日破败的厂房现已蝶变为泉州的城市名片,并成为国家4A级旅游景区。

"源和堂赶":闽商家国情怀的缩影

庄杰赶始终热心于家乡的公益事业,曾参与青阳旧街道改造。全面抗战期间,侨汇中断,家乡部分侨属生活困难,他常给予无息贷款。正因此,在抗战胜利后,侨汇恢复,侨属不仅主动还清欠款,还纷纷将闲置的侨款寄存源和堂,从而为源和堂的运营周转提供资金保障。

庄杰赶从小因家贫而失学,常为此深感遗憾,因此十分重视教育事业,多次慷慨解囊捐助学校。如倾力资助青阳小学,并任该校董事会董事长,亲自抓校舍楼房的基建工作;捐资晋江安海的养正中学及漳州石码的石江小学。抗日胜利后,他也参与青阳大道中学的筹办工作,后又担任青阳壁立公益社董事长。

庄杰赶不仅积极投身公益事业回馈家乡,在国家有难之际同样倾囊相助。抗战期间,尤其在厦门沦陷后,闽南地区粮食紧缺，他主动参加筹办粮食工作，购运苏、浙一带的粮食来青阳平价出售。抗美援朝时，他积极响应号召，捐款捐物。

爱拼会赢、心怀家国是流淌在闽商血脉里的文化基因。庄杰赶一生永葆创业初心，致力于发展实业，从源和堂的创业起步到合营改造，始终满腔热情、尽职尽责，坚持不懈地抓生产、保质量、创品牌。与此同时，他情系桑梓，热爱国家，尽己所能回报社会。源和堂的这份甜蜜记忆，不仅源自他所造就的百年甘味，更是源于他所给予家乡的深厚情谊。（张映彬）

参考文献

1. 庄垂明：《泉州名牌产品介绍之一：源和堂蜜饯》，《泉州工商史料》第三辑，1984年。

2. 庄垂应、陈天舍：《源和堂蜜饯厂创始人庄杰赶史略》，《晋江工商史料》第一辑，1984年。

3. 泉州档案：《甜蜜记忆——源和堂蜜饯》，https://mp.weixin.qq.com/s/b06xcNzmwfLCuz6lhLpa5Q，2019年8月7日。

4.《源和堂尤文辉：用"新"擦亮"老"字号让"甜蜜事业"再续百年》，https://fj.china.com.cn/pinpai/202401/47456.html，中国网2024年1月23日。

5. 王家瑾：《百年源和堂在中山路的老门店》，《泉州鲤城文史资料》第四十一辑，2023年。

第二篇

声名显赫的商业世家

在近现代闽商发展史上，不少家族企业留下了浓墨重彩的一笔。他们不凡的经历、不俗的成就，令人赞叹。这些商业世家跌宕起伏的发展轨迹，构成福建近现代商业史的重要组成部分，成为一代又一代福建人共同的历史记忆。本篇将讲述近现代部分闽商世家的商海浮沉往事与留下的时代烙印。

"电光刘"家族：福州电气时代的开创者

老福州人常说："解放前，福州有三座最高的建筑：一座是乌塔，一座是白塔，另外一座是刘家的烟囱。"这里的刘家，便是福州家喻户晓的"电光刘"家族。刘家的烟囱指的就是刘家创建的发电厂的烟囱。这个曾经显赫一时的家族，鼎盛时拥有电气

1930年代的福州电气股份公司办公楼及发电厂（刘岳/供图）

公司、电话公司、铁工厂、制冰厂等20多家企业，几近掌控着整个福州城的民族工业。

资本奠基者刘齐衔

福州宫巷14号，如今是修缮一新的刘齐衔故居。刘齐衔是林则徐的长婿，曾任陕西布政使、浙江按察使、河南布政使等官职。因身居高位，故为子孙兴办企业提供了充裕的资金支持和政治资源。

为官期间，刘齐衔也不时寄钱回家，通过放贷或购地，在流通中获得高额利润。他的这种理财思维也影响了刘家后代。

原始积累掌控者刘学恂

刘齐衔有7个儿子，次子刘学恂一直跟随父亲，并且长期帮其打理钱财。刘齐衔死后，刘学恂便回家帮助长兄刘学慰管理家产。不久，刘学慰去广东做官，刘家家产就交由学恂一人掌管。

刘学恂深受父亲影响，擅长以钱生钱。1878年，刘齐衔死后的第二年，刘学恂就利用家里的余钱和房产租金，开设了著名的天泉钱庄。

钱庄对外放贷获利，对内以低利款转给刘家的典当行，再以高利贷出。同时，钱庄还发行信用流通券。据说，当时天泉钱庄所发出的银票在长乐、连江一带都可通用，很受市场欢迎。最多

时出票额高达13万元，在市面上的信用一度超过国家银行发行的纸币。

"电光刘"的诞生

1910年，刘学恂五子刘崇伦从日本完成电气专业学习回国。这个对日本企业颇有研究的年轻人开始在福州城里寻找机会。不久，他就发现了一家名为耀华的电灯公司。这家公司创办于1909年，当时集资两万元，置有15匹发动机一台，能供应200多盏灯，并已在市内栽杆准备发电。只是，在经营上，耀华电灯厂面临各种困难。经过一番运作，刘学恂次子刘崇伟出资承接了耀华电灯厂，成立福州电气公司。

刘家兄弟经营福州电气公司的原始资本有三个来源：一是刘学恂留下的积蓄和1914年退出典当的股本16000元，以及股息1600元；二是学恂三儿子刘崇杰在上海商务印书馆当编辑时分到的股票押借5000元；三是其他借款。此外刘齐衔等做官留下的巨款以及其后的积累，也是电气公司创办的重要原始资本。

在创立电气公司的过程中，刘学恂各个儿子以家庭为纽带的资本集团也就自然形成了。在这个集团中，长子刘崇佑和三子刘崇杰在外从政，为刘家企业的发展提供了不少社会上的支持；二子刘崇伟因对福州政界和金融界颇为熟悉，所以他主要担任对外联络和为企业筹款的工作；五子刘崇伦是学电气技术的，同时他在日本学到经营资本的技能，所以他主要担任刘家企业中的技术和筹划工作；六子刘崇侃学商科，负责企业中会计和总务管理工作。在各兄弟中，刘崇伦是最有魄力和眼光的，他处处以日本三井集团为榜样，刘家企业发展的一切筹划都出自其手。

"电光刘"的产业集团

创办福州电气公司之后，刘家兄弟很快又将目光锁定另一个新兴行业——电话。

民国成立后，政府有意将电话移归民办。与政府关系密切的刘家自然不会错过这样一个机会。不久，刘家就接手了前清官办电话局，并在1912年末改组为福建电话股份有限公司，由刘崇伟出任董事长兼经理。

从电话公司开始，刘家兄弟以平均一年增开1—2家企业的速度发展。当然，这些企业多数为福州电气公司的附属企业，为电气公司的发展提供原料与市场。

1914年，附属修理厂设立，服务于电气公司以及用户的机件和马达的修理。在此之前，电气公司就已设有机械工场，但设备简陋，只能修理公司内部的零星机件。1914年，第一次世界大战爆发，公司发电需要的配件来源变得困难，才将机械工场扩充为修理厂，并且添置了大批的工作母机和精密机械工具，自行制造大小配件，保证公司安全供电。

1918年底，刘家兄弟创办了除电气公司、电话公司之外的第三家独立企业——梨山煤矿公司。煤矿公司的成立同样是为电气公司服务。

为了推销电力，电气公司从1917年起，陆续成立了制冰厂、油厂、锯木厂、玻璃厂、精米厂、炼糖厂等；为了解决用户购买电料的困难，于1920年开设大用电料行和同光电行；为了扩展业务，又于1922年设立了福清电灯分公司和连（江）琯（头）电灯分公司；为了解决资金问题，在城内和南台设立存款处，吸收社会游资；为降低运费，刘崇伟和刘崇伦两兄弟于1927年合资组建刘正记轮船行，替电气公司从台湾运煤来闽。

"电光刘"迅速成长的神话

了解一家企业的发展，数字也许不是最全面的表现方式，但的确是最直观、最有说服力的方式。来看一组关于福州电气公司的数据。

1911年10月，刚成立的福州电气公司的电灯用户还只有234户；到1924年，整个福州城已经有11743户人家在使用电气公司的电灯。

公司第3届（1913年4月—1914年3月）电费收入105948.31元，到第16届（1926年4月—1927年3月）时，电费收入已达719369.53元。

员工人数变化也是了解电气公司发展的一个途径。电气公司成立的第一年，职工数只有110人，第7年已经增至252人，1924年达740人。

维持公司快速增长的，是不断增加的资本。在开办初期，这家公司的法定股本为12万元；1914年，法定股本增至30万元，实收20万元；1927年3月结算时，实收股本已达100万元。如同滚雪球，不断投入的资本为公司扩大再生产提供了资金支持。从公司历年收入支出及净利情况看，1912年3月结算时，电气公司第1届净利为9977.81元，以后净利逐年增加，根据1917年3月结算，第6届净利已增至152787.21元，增长了1429.8%。

刘氏兄弟商业基因

"在那个时候的福州，刘家兄弟不是最有钱的，但也许是最有投资眼光与胆识的。"刘家后人刘岳如是说。在20世纪初的福州，即使是拥有巨额资本的福州著名商人罗勉侯、黄瞻鳌等，也都只投资商业（多为布业）、钱庄、当铺等。对看中公共事业的刘家兄弟来说，这几近空白的市场是不可多得的机会。

此外，刘家兄弟子侄多留学国外，学到了现代工商业技术和管理经验。留学日本的刘崇伦积极仿效日本三井集团的综合商社模式，围绕全套完整产业链构造，匹配相应的管理技术，使之协调统一发展。这些让刘家集团在当时现代工业并不发达的福州获

得垄断地位。

为了企业得到更好发展，刘家网罗了大量的技术和管理人才，还设立了传习所，广收学徒。

据说，电气公司对中上层职员在中午有提供工作午餐，午餐十分丰盛，每人一个月要花近百元，而当时一个工人一个月的伙食费也不过五六元。大家在午餐时畅所欲言，刘崇伦则利用这个机会，边了解情况，边解决问题。电气公司还有个规矩，每年年终给管理人员和工人发红包。红包内有的附有评语，但都是保密的，谁泄密，谁的红包就将被取消。

"电光刘"事业的颓败

1927年是刘家集团发展的转折。1927年以后，国民党势力逐渐加强对福建的统治，加上当地传统势力猖獗，这些都在打击和摧残着福建民族资本的发展。以电气公司为主体、几近控制着福州一半工业生产的刘家集团深受影响。

窃电、欠费和拒绝付费等问题日益严重。统计数据显示，从1930年4月到1931年3月，一年间窃电竟占发电总度数的42%，加上倒账损失则高达48%。这对电气公司来说，是危及生存的。

高额借款是加速刘家集团萎缩的另一个直接原因。刘家集团中的电气股份有限公司历年短期重息借款数额巨大，其庞大的利息支出，仅1929年一年就高达15万元，占营业总收入的13.62%。

自1927年以后，刘家企业的股息和纯利开始下降。1926年以前股息一般在1分以上，到1929年，已递降为5厘；纯利自1927年开始，降至10万元以下，到了1930年，更只有6万多元，仅占营业总收入的6.5%。

刘家各企业以不同形式表现着衰退：电话公司资金周转困难，营业不振；建兴锯木厂于1927年停办；福州油厂因营业不振，宣布停办；福清和连珺电灯公司于1929年相继停业；冰厂、附属修理厂、刘正记公司在这一时期的处境也差强人意。

1929年2月，刘崇佑、刘崇伟、刘崇伦、刘崇侃四兄弟召开家庭会议，决定解散旧财团，成立新财团，具体办法为偿还旧账，将剩余财产进行分配，新的财团由成员平均出资。之后，三项新的业务方向确立：成立公大商行，专营进出口业务；承接电气公司的附属冰厂，改名为成记冰厂；改组刘正记公司。这三家企业之后一段时间业务有所发展。刘家还创办农村电化部，计划向更广大地区推广电力，又能为公司附属的修理厂增加业务，如制造农具、抽水机等。但这一理想，因时局以及农村贫困等原因，以失败告终。

福州第一家公私合营企业

1939年，电气公司连遭敌机8次轰炸；1940年，又遭遇十年不遇的大风灾。1941年，电气公司第一次出现营业亏损。从此，

"电光刘"家族：福州电气时代的开创者

福州民族工商业代表在北京的留影（1956年，右三为刘永业）（刘岳/供图）

这家满目疮痍的公司勉强支撑。

1946年至1949年间，电气公司的资金、外汇、煤炭来源等部面临困境，无法得到解决。

1954年1月，由刘洪业和刘永业担任经理、常务董事等职的福州电话公司，成为福州市全行业第一家实行公私合营的企业。

福州"电光刘"家族创办的电话公司为近代福州通信事业和经济发展作出了重要的贡献,在福州城市工商业发展史上写下了光辉的一页。(郑芳)

参考文献

1. 王能超:《福州电话百年发展史》,福州市政协文史资料委员会编:《福州文史集粹》,海潮摄影艺术出版社,2006年。

2. 张奇萍、苏宝森、王能超:《邮电今昔》,《福州文史集粹》,海潮摄影艺术出版社,2006年。

3. 王能超:《刘家企业兴衰史》,《福州文史集粹》,海潮摄影艺术出版社,2006年。

4. 福州市工商联史料室:《致力兴办近代企业的福州刘家史略》,《福州工商史料(第三辑)》,1987年。

尤氏家族：福州丝线专卖的"尤半街"

尤氏家族，是福州商业发展史上的一个庞大家族。其一处老宅就曾经占据着三坊七巷文儒坊至衣锦坊的大片位置，人称"尤半街"。这个家族富足近百年，鼎盛时期尤恒盛丝线店、百龄行百货商店等十几家企业几乎垄断了福州城的相关行业。这个家族近百年跌宕起伏的发展，也成为福州商业发展史的一部分，并镌刻在几代老福州关于丝线及百货的记忆中。

尤恒盛的资本积累

尤孟彪是尤氏家族庞大产业的创始人，出生于清嘉庆年间。尤孟彪早年丧父，辍学去福州春育亭缫丝铺子学艺。因为勤奋钻研，没过几年，这个年轻人就在南街安民巷口摆丝线摊子谋生。

尤孟彪制售的丝线质量优良，人又和蔼可亲，生意做得有声有色。在积累了一些钱后，便开了一家尤恒盛丝线店。这家店最早设在文兴里，后来因为业务发展，迁移到安民巷口。据尤家后代回忆，这家店开业大约在嘉庆后期。

闽商印记——近现代闽商先贤

文儒坊尤氏民居（张国兴／摄）

尤氏民居内景（张国兴／摄）

尤恒盛丝线店刚开始只做零售,据说,每天还没开店的时候,就会有很多农民和刺绣制花的手工业者在门前等待开门。很快,尤恒盛的生意从零售发展到大宗批发。批发地区扩展到闽东、闽南各县。批发业务的兴旺,加速了尤恒盛资金的积累。

尤贤模接手丝线店

将父业发扬光大,把尤家商业推向黄金时期的是尤孟彪五子尤贤模。

尤贤模从小就在店里勤学苦练,掌握了一整套的丝线加工技艺,只要用鼻子一嗅、手指一捏,闭着眼睛也能判别出丝的产地、品种以及质量的好坏。尤贤模"自奉简朴,工作吃苦耐劳,事必躬亲,参加各道加工工序,经常往各县推销业务,又能同职工同甘共苦,数十年如一日"。这是尤家女婿陈承椿在回忆录记载的。如此性格与行事风格对尤恒盛企业的发展壮大起了推动作用。

随着业务的增加,尤恒盛业务扩展到代客染布,承揽殡殓用的刺绣寿衣,批发本行之外的棉纱、棉布、药材、南北货等。尤恒盛丝线店的事务有一段时间曾交给尤贤模的侄子尤德建打理,但丝线店的经营在尤德建手里却陷入困境。尤贤模认为这是尤家的祖业,而且丝线生意大有可为,出现这种现状是经营不当的结果,于是接手已经负债累累的尤恒盛丝线店。

尤贤模做生意讲究货真价实，尤恒盛丝线店很快又获得了顾客的信任，局面好转。这段时间，尤贤模除经营棉纱、绸布、颜料之外，开设了染料加工场；看到百货业有利可图，又利用余资在老店附近开起了一家五云楼百货店，并兼营丝线、绸布批发业务，不久后又在黄巷口开了一家五都百货店。

除了将尤家祖业尤恒盛从困境中带入正轨外，尤贤模在尤家事业发展史上的另一重要作用是将四个儿子培养成为尤家事业的能干继承人。

长子尤庆潮本来是读书人，早年中过副榜举人。三子尤庆棻也进过学堂，但都因为尤恒盛经营日益扩大，人手紧缺，被父亲要求放弃求学之路，回来经商。据史料记载，在尤贤模退居二线时，尤家的五都百货店由四子尤庆桦管理，三子尤庆棻则坐镇尤恒盛老店。这两家企业在当时的福州，都是家喻户晓的名牌商店。

五房系开创的全盛期

在善于经营的尤贤模指导下，清朝末年，尤家又在上杭街开设了一家尤信记商行，由他的四个儿子合伙经营。这家店经营百货、药材、南北土特产的批发业务，生意兴旺。根据史料记载，该行仅在1911年就赚得利润10万元。20世纪20年代初，四兄弟又在上杭街开设泉裕钱庄，发行台伏票，不久在潭尾街及南街开设泉裕分庄。当年钱庄发行的台伏票为尤家提供了一笔可观的流动资金，而且一年仅利息收入就有4万多元。

后来，尤贤模次子尤庆桐看到经营钱庄更容易获利，就只愿意和几个兄弟合伙经营泉裕钱庄，退出了尤恒盛丝线店和五云楼百货店等业务，将股份转给其他兄弟。尤庆桐退出后开了恒孚、和孚两家钱庄，但不久就歇业了，已经积累了大笔资金的他从此放弃做生意，靠放高利贷获利。

其他三人则将尤家家业继续扩展：在南街锦巷口又开起了一家五福百货店；在城内南街开设的祥益钱庄，则专营贷款业务，不出票，并在南台二保开设祥益钱庄分店；在南街尤恒盛店后面还开了一家益记苏广栈，办理百货批发业务，以保障尤家所开的三家百货店的货源。据说，尤贤模派下开设的三家百货店名称都以"五"字开头，寓意就是要突出第五房。

这是尤家的全盛时期——尤家各企业资金雄厚，经营有道，而且都获得了颇高的社会信誉。传说当年尤庆潮四兄弟的全部财产约有200万元，堪称福州商界巨富。

尤家生意改组

尤贤模派下四房公房财产（即家族共有的生意）的分配规定是，每年一个企业所得纯利均分为五份，四房各取一份，剩下一份分给管理这个企业的当事人作为酬劳。也就是说管理企业的这一房，在企业年终分红时，可以得到全年应分额的40%。按早年传下来的尤家家规，参加公房企业管理的子弟是不能另外经营自己的私房生意的，以保证经营者能够尽心尽力。但这一家规到尤家第三代，已经缺乏约束力。

如前所述，尤庆桐不愿合营丝线店、百货店等业务。各人于是以此为由，同意分别把企业折股自营或者改组合营，如五云楼由尤庆潮派下承接后继续营业，更名为五云楼锦记，以示与之前的公房事业有别。

尤庆梫派下接办的尤恒盛丝线总店，也因为黄金时代已经过去、业务发生困难，以及各项税收摊派重，于1941年收盘。尤庆梫以非常有限的资金在原恒盛店隔壁开设了一家万宜百货店，因为业务不振于1943年结束经营。

此时，尤家的颓势已经难以避免。

尤恒盛的终结

20世纪30年代初，尤庆潮的两个儿子尤德铃、尤德锜接办了尤家后期的重点企业百龄商店，并在福州台江开设良友百货店，在上杭路开设信诚棉纱栈，在上海开设信源采办庄和汇兑庄，在香港开设裕丰庄。这些企业为尤家事业打开了新局面。但好景不长，全面抗战爆发后，尤家企业受战争影响逐渐走下坡路。如尤庆榍和尤庆梫派下接办的尤恒盛丝线总店，即于1941年关张。另

外，因尤庆棪等判断失误，主张将所有金银首饰兑换成钞票存放在店里，结果由于物价猛涨，法币贬值，尤家换存的那些钱币很快就消耗一空。

抗日战争胜利后，尤德钤等从上海回到福州，本想重整百龄商店，但颓势难挽，一再亏本，到后来连维持都感到困难。

至中华人民共和国成立前夕，曾经经营着十多家企业、拥有巨额资产的尤家，只剩下了百龄一家。而且，这唯一的一家企业也已摇摇欲坠。

1956年，百龄商店实行公私合营，尤德钤被任命为副经理。延续四代的尤氏世家，融入新的时代大潮。（郑芳）

参考文献

1. 陈承椿等：《福州尤恒盛家族兴衰史略》，中国民主建国会福州市委员会、福州市工商业联合会编：《福州工商史料（第三辑）》，1987年。

2. 尤德龙、尤德銮：《尤家企业兴衰史》，福州市政协文史资料委员会编：《福州文史集粹》，海潮摄影艺术出版社，2006年。

涵江"黄家门"：活跃江浙沪的莆商翘楚

黄家祖籍原在今莆田市荔城区西天尾镇渭阳村，后迁居今涵江区霞徐街。霞徐黄家于清同治年间先后创立"瑞裕""鼎和""泉裕""大同"四大商号商行。从晚清到民国，黄家商帮活跃于江、浙、沪，为"无兴不成镇，无莆不成市"的历史画卷增添了一笔浓墨重彩，坊间称他们"黄家门"。目前在西天尾镇的义兴黄氏大厝，则是清道光年间黄家在江浙一带经商致富之后兴建的。西天尾镇的祖厝被评为全省首批城市近现代优秀建筑，实物印证了黄氏家族的百年经商史。

创立瑞裕号，开启黄家门

黄家门商帮的领头人是黄邦杰（1821—1885）。黄邦杰早年落魄，其父在浙江宁波经商时病逝，留给儿子的遗物仅有一把刮胡子的"红毛刀"（明清时称西方国家所制的刀）。黄邦杰办完丧事后身无分文，将就在老乡开设的商店里为差。黄邦杰为人诚实机敏，深受店主信任，不时受派回莆筹货，店主也因此获利颇

渭阳黄氏大厝（俗称文光书院）（黄晶/摄）

丰。当太平军逼近宁波时，商贾纷纷携眷外逃。危难之时，黄邦杰挺身而出，主动承担守店的重任。店主深为感动，待时局稳定之后，兑现诺言，将部分店产分予黄邦杰。

桂圆干乃兴化特产，在江浙一带颇受欢迎。黄邦杰在店主鼓励下，瞄准商机，创立了瑞裕号桂圆干商行，逐渐在宁波一带打响"兴化桂圆"品牌，生意蒸蒸日上。几年后瑞裕号又购置了一艘木帆船，往返宁波、涵江。一般是每年的三四月，顺着由南往北的季风扬帆北上，将桂圆干运到浙江；每年八九月，再顺着由北往南的季风南返，一年往来一趟。

为了控制产地货源质量，黄邦杰将宁波商务交由弟弟黄邦彦打理，自己则坐镇莆田。从龙眼鲜果收购、烘焙到装运、发货，都亲力亲为，一抓到底。黄邦彦于宁波不幸早逝，商行改由黄邦杰诸子轮流经营，瑞裕号也分为乾房、坤房。乾房经营原瑞裕号，坤房则分设鼎和号。鼎和号在宁波设有南昌桂圆行，也配有运输船只，资产积淀丰厚。

对于黄家门商帮的经营方式和市场优势，鼎和号后裔黄祖焕有如下记述：黄家门因经济实力雄厚，名声亦大，所以向产地一带"二盘商"购进桂圆干时，都是不用现金的。购买一溪船桂圆干，只需一个铜片做"定钱"就行。当时购买桂圆干的当地牙人（类似现在的中介、经纪人）也起了很大作用。在当地牙人的配合下，经过过筛，看明规格和质量，确定数量及价格，登记一下，即交牙人集中雇溪船运至涵江。还款日期一般都在第二年的头牙（农历二月初二），告知牙人来领款。

当时，桂圆行业内部有"里行"和"外行"之分。同样的桂圆干，里行要比外行价高一大截，而顾客却乐于购买里行的桂圆干，因为里行是老品牌。里行主要就是指黄家门所开的桂圆行。当时莆仙人在宁波开设的桂圆行，大小不下二十家，头水桂圆干定价高低，都要听黄家门主张，这也充分体现了黄家门的品牌美誉度和市场认可度。

兴办"国民号"，开启莆田近代航运史

涵江在明朝之后形成港口市镇，与当时的泉州安海、漳州石

涵江"黄家门"：活跃江浙沪的莆商翘楚

码齐名。民国年间又享有"小上海"之誉，一度成为我省沿海的主要通商口岸。黄家门是莆田海上交通运输业的先驱。彼时，木帆船运输不但航速慢、时间长，而且风险大，还要提防海盗侵扰。1912年8月，专营桂圆干的瑞裕、大同、泉裕三大商行，联合股东招股筹集，以100元为小股，6000元为一大股，联合创办了上海福兴轮船公司。

该公司在上海设立总办事处，经营涵江至上海、宁波等地的长途航运业务。公司花费8万元，向英国赍赐公司购买了一艘排水量800吨的客货两用旧轮船，以解决木帆船"靠天吃饭"的困局。该轮船由英国海军淘汰的小军舰改装而成，福兴轮船公司将其命名为"国民号"，并按原来薪酬待遇雇用原有船员。其中船长、大副均为英国人，其余是上海、宁波等地的水手。国民号只固定一条航线，即从上海至涵江，偶尔延航至泉州港。每月定期开一个航次，以货运为主，客运为辅，单程航行日期为三天。国民号开航之后，莆田的土特产品得以源源不断地运往上海、宁波等地。

然而，英国赍赐公司欺负福兴轮船公司主要股东不懂英文，在签合同时就将购买轮船的合同改为租用合同，租期一年。期满之后，英商借助租界的警方派人上船，赶走公司派驻的业务人员。因船长、大副均为英国人，水手也是原班人马，他们在诉讼中做伪证，致使福兴轮船公司败诉。由于国民号被诈夺，上海福兴轮船公司被迫于1914年4月宣告破产，使刚刚兴起的莆田海运业遭受严重打击。吃一堑长一智，原福兴轮船公司的主要股东吸取教训，重新创办鲲南公司。为了防止重蹈覆辙，公司采取租赁办法，按月向上海宁绍公司租用一艘800吨位货船，往返于上海与涵江之间。随后莆田驻上海的义泰、福兴太商行也先后向上海的轮船公司租用轮船，经营海运业务。莆田海运航线从单一的涵江至上海，发展到宁波、南京、天津以及北方各港口。莆田的出海港口也从单一的三江口，发展到秀屿、文甲、枫亭等多个码头。

黄家门商帮首创上海福兴轮船公司，虽然付出了高昂的学费，但也由此掀开了莆田海运史上崭新一页，为此后莆田海运业的蓬勃发展打下了良好的基础。

热心公益，组织书画助赈

黄家门富裕之后，积极回馈社会，对家乡的慈善事业多有资助。先后捐资建设东南角青龙港石堤、试院考棚、府县文庙明伦堂、城隍庙、观音顶孔子庙等。

1930年1月，涵江发生严重火灾。一些开明绅士和商贾，自发成立涵江火灾善后委员会，公推黄家门后裔黄湘任会长。为了筹集救灾经费，解决两百多户灾民困难，黄湘倡议举办一场书画展览。委员会致函向全国各地的名家、名士征集作品，为灾民奉献爱心，此举得到社会各界的热烈响应。在短短的一年时间里就征集到书画作品5000多件，应征名人达1069人，其中包括民国政要于右任、谭泽闿，社会名流章太炎、柳亚子，画坛巨匠齐白石、徐悲鸿、张大千、黄宾虹，学者书家沈尹默、刘半农等。

涵江"黄家门"：活跃江浙沪的莆商翘楚

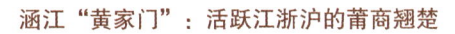

书画征集后，陆续在涵江、莆田、福州、上海、新加坡等地巡展义卖，历时三年。义卖所得用于赈济灾民，并置办防火设施。黄家门在此次救灾赈济活动中发挥了积极作用，担当公义，其善举为时人所赞许。

黄家门走出的知名人士

在近现代史上，黄家门走出了一批知名人士，如黄纪元（清末刑部郎中）、黄纪云（曾任漳平县教谕、福清县训导）、黄纪星（莆田辛亥革命发起人、福建谘议局议员）、黄绶（参加同盟

渭阳黄氏大厝内景（黄晶／摄）

会起义，后任江西建昌府知县）、黄湘（1923年任莆田知事）。黄纪星的第四子黄苍麟早年考入上海南洋大学并在校加入中国共产党，与陆定一在同一个支部。黄纪星第八子黄典麟就读涵中中学，并任校团委书记，积极从事革命活动，油印传单张贴标语。1930年6月，他在江口镇参加活动时被国民党反动派抓捕，后英勇就义，时年未满17周岁；今莆田市烈士陵园烈士碑亭存有勒石纪念。据涵江文史资料统计，黄家门1908年至1974年出生的学子，考入全国各大专院校的有210人，其中硕士、博士有30人。

追忆涵江黄家门商帮，多少风光成往事，峥嵘岁月浑如梦。但他们富于传奇色彩的创业史跌宕多姿，足以启迪后昆；黄氏族人勤奋创业、敢于拼搏的精神，仁爱诚信、扶危济困的优秀品质，则是一笔留给后人弥足珍贵的精神财富。（姚汉村）

参考文献

1. 郑振满：《晚清至民国的乡镇商人与地方政局》，《乡族与国家：多元视野中的闽台传统社会》，生活·读书·新知三联书店，2009年。

2. 蔡天新：《百年莆田》，中央文献出版社，2002年。

3. 蔡天新主编：《莆商发展史》，中央文献出版社，2014年。

4. 福建省炎黄文化研究会、中共莆田市委宣传部：《莆仙文化研究》，海峡文艺出版社，2003年。

罗氏家族：纵横福州金融市场的钱庄世家

钱庄老板仅仅是罗勉侯的身份之一，这个曾经叱咤风云的商人一度掌控过福州的金融市场，而旗下的木材、百货、商贸等生意也无一不让同行瞩目。因其在商界的影响，连任两届福州商会会长。罗勉侯去世后，其子罗郁坦继任。罗家成为福州商业史上唯一一个父子三任此职务的家族。

200个铜钱开始的发家史

清乾隆年间，年轻人罗希魏带着一把伞和200个铜钱到福州谋生。当时市场上以白银作为流通货币，他靠着一手"销熔"银锭的技术，逐渐积累起了一些资金，之后开店经营。这就是之后庞大的罗氏家业的雏形。

罗希魏的生意传到第四代罗佳森时，正值列强侵略中国，中国的手工业和纺织业在此时也受到严重冲击。因民间贸易减少，市场上需求的货币也随之减少，罗佳森的生意自然也难以维持，只能勉强糊口。罗佳森的长子罗端波，虽然少年时家境困难，但学习相当刻苦，立志重振家业。

第一次鸦片战争后，福州被指定为通商口岸，其木材集散地、茶港的地位逐渐形成，对外贸易出现了飞速发展。罗端波从商贸繁荣中看到了机会。罗端波筹集资金创办晋和钱庄，为其他商家办理存贷款业务，并经营木材、茶叶、香菇等当时市场看好的土特产贸易。不久，罗家即跻身福州的富商阶层。

罗氏金融集团的创立

罗端波有三个儿子：长子筱坡、次子莱吟、三子蕴庄。罗端波去世后，罗筱坡掌管罗家公房生意（即家族共有的生意），成为罗家第六代中的核心人物。罗筱坡曾创立昇和、恒和钱庄，还与弟弟罗蕴庄合办均和钱庄。后来，又在上海设立罗恒和汇兑庄。这几家金融机构掌控了当时福州最兴盛的几个行业的资金往来。恒和钱庄开设在当时福州的主要商业区下杭路，除办理附近大小商贩的贷款外，还办理上海至福州的汇兑业务；均和钱庄设在延平路，以方便义洲一带的木材商贷款；昇和钱庄开在上藤路，为仓山工商业各家贷款，并发行台伏票在市面上流通。

罗金城（筱坡）（福州市工商联/供图）

罗氏家族：纵横福州金融市场的钱庄世家

罗家于下杭路购置的联排六进宅院（庄方/摄）

次子罗莱吟，早年喜好诗词，后也成为经营钱庄的商人。他主办的恒余钱庄，曾经在银票的发行、汇兑方面颇得社会信誉。三子罗蕴庄创办了恒春钱庄，又和大哥罗筱坡合办均和钱庄、恒孚当铺。其低息和放宽还款期限的经营方式，很受当时客户喜爱。

虽然罗家开设钱庄的速度很快，却并不冒进。当年，罗家对发行纸币的态度十分谨慎，六家钱庄中仅昇和一家发行，以便于管理。昇和牌号发行的纸币，在市场流通的数量很大，信用较好。1935年的一个星期天，由于昇和钱庄贷款透支等原因，引起人们的恐慌，发生了挤兑风波。按常规，银行在星期天都不营业，但中国银行及汇丰银行破例开仓拨出现洋支兑，不到半天，这场来势汹汹的挤兑风波就平息了。由此可见，罗家当时在金融场上的声望与影响。

金融集团之外的罗家事业

罗家并不只是经营钱庄，其名下的企业还涉足进出口、质贷、木材、茶、百货业以及锯木等七个行业。这些企业与钱庄形成了一条良性的发展链，为罗氏家族获取了丰厚的利润、良好的商界信誉。

罗家仅次于钱庄的第二大产业是进出口贸易。罗家的罗坤记进出口行开设于清朝末年，行址设在下杭路。这家贸易行的初期业务是向江苏、浙江采办纱布、棉、绍兴酒等。之后又开设一部门，专做东北、华北的生意，从福州运出各种土纸、竹篾、竹筷、笋干等，再从营口、大连、天津、青岛、烟台等地大量购回豆、油、高粱酒、干果、水产、干货。罗坤记的生意是"向北不向南"，和华南的各个商埠都无往来。罗筱坡掌管进出口行时期，还专门为运货购置了两艘大木帆船。

因为罗筱坡主要精力用于掌管公房生意，这一时期，将罗家家业向外扩展的过程主要由罗莱吟和罗蕴庄完成。除钱庄之外，

罗莱吟身下的产业众多，因财力雄厚，他曾支出万元支援同行，让对方免受挤兑破产之难。

罗蕴庄和当时熟悉木材业务的郑宝铭等人合办了恒记木行、义记木行。其中恒记木行利用罗家恒春钱庄、均和钱庄向山区木商放款，条件比同业优越，因而获得更多的业务量。罗家由此大量经营建宁、泰宁产的大口径木材，仅此一项，获利颇丰。

家业鼎盛的罗勉侯时期

罗筱坡有八个儿子。1915年，罗筱坡去世。除去罗坤记进出口行由六子罗梓侯主持，罗恒和汇兑庄由三子罗觳侯主持外，罗家的众多公房生意就由八子罗勉侯打理。由八子掌管家业，这似乎并不符合当时的规矩。根据罗氏宗谱上的说法，其他七兄弟能公推罗勉侯管理，一来是因为罗家八兄弟年龄差距大。当时罗勉侯年纪正轻，刚好是发展事业的最佳年龄；二来与他精明的商业性格以及良好的社会声望有关。大家希望他能将罗氏家业带向一个新的鼎盛时期。

罗勉侯显然没有让哥哥们失望。除传下来的公房生意外，罗勉侯将家业拓展到茶业、百货业和锯木业。罗家的建春茶厂开设在仓山，专制各种花茶、红茶。这些茶叶基本上都运往营口、大连、天津、青岛等地。为了方便经营，罗家在营口、大连、天津开设茶庄，相当于现在的茶叶专卖店。罗勉侯长子罗郁平还曾经专程带着建春茶厂的茶叶去菲律宾参展。

罗勉侯手上开办的云章百货商店设在台江路，当年在百货行业中算是规模较大的一家。除经营百货、绸布之外，还兼营鞋帽、土特产品。此外，罗勉侯还在港头办了一家永春锯木厂，厂房内实现机械化生产，自营或加工松木成品。

除去这些实业外，罗家的另一项重要投资是参股公用事业，如在福州电力、电话企业都持有股票。此外，罗家还在仓山、台江广置房产，这些房产除分配给各房居住及企业使用外，还出租。因为房产众多，罗家曾雇有专人管理。

罗家家底殷实，在商场上有很高的声望。人们曾经用《搜神记》中一句"南山有鸟，北山张（张秋舫家）罗（罗家）"为喻。张秋舫与罗筱

罗园（立新路18号）（陈秋蓉/摄）

坡在清朝末年曾先后担任福州商务总会总理职务。罗勉侯也曾两度担任福州商会会长，任期长达十几年，是福州解放前任职最长的会长。

私人钱庄的银行家梦想

在罗勉侯任福州商会会长期间，著名侨商黄奕住、胡文虎都有意与罗家合作，计划以昇和钱庄为基础，改组经营银行，但因当时局势动荡等原因，最终没有成功。

抗战后期，国民政府公布了私营银行及钱庄管理条例。当时，昇和钱庄由罗家郁字辈堂兄弟20多人合伙经营，他们就想按公司法的规定，成立昇和钱庄股份有限公司。当时任上海浙江兴业银行总经理的罗郁铭被推选为董事长，罗勉侯的次子罗郁坦为总经理。在安排人员的同时，一大笔资金也筹划着存入中央银行验资。之后，他们又计划吸收部分外股改组昇和钱庄为福州海南实业银行，并推举时任福建省政府委员的陈培锟为董事长。只是计划并不如设想的顺利，由于福州二次沦陷，建立银行的计划又告流产。

与组建银行的梦想一样不顺利的，是罗家旗下的各家企业在动荡中频频受困。抗战后期，因为企业衰败，收入锐减，罗家各房甚至开始陆续出售房产。之后，罗家其他各房的生意都渐趋没落，公房生意中仅剩昇和钱庄，而这唯一的产业也只是支撑门面而已，直至1948年停业。

中华人民共和国成立后，罗郁坦曾被聘为公私合营后福州茶厂的董事长。罗家漫长的商业家族史就此结束。（郑芳）

参考文献

1. 李益清：《罗家企业兴衰记》，福州市政协文史资料委员会编：《福州文史集粹》，海潮摄影艺术出版社，2006年。

2. 罗郁焜：《父子三任福州商会长的罗家兴衰事略》，中国民主建国会福州市委员会、福州市工商业联合会编：《福州工商史料（第三辑）》，1987年。

第三篇

纵横捭阖的商会先驱

在20世纪初，商会一方面极大促进了民族工商业发展，另一方面也成为重要的爱国力量。有了商会，商界就有了娘家。作为"领头羊"，会长对于商会的发展起到举足轻重的作用。本篇将讲述福州、厦门等商会会长勇担当、友政商、促发展的努力与作为。

张秋舫：引领福州商界一代风骚

追溯福州乃至福建的商贸历史脉络，上下杭商贸无疑是重要的一站。位于上杭路100号的魁星楼，至今还保持着昔日的建筑格局，那是当年的福州商务总会的会址，是上下杭商贸沧桑起伏的历史见证。

成立于1905年的福州商会，是一个团结会员企业、提供商业资讯、仲裁商贸纠纷、协调商帮矛盾的民间自治机

张秋舫（福州市工商联/供图）

构。在商帮林立、商贾云集的上下杭，商会会长无疑是一个众所瞩目的职位。被公推为第一任会长的便是当时福州的巨商张秋舫（1840—1915）。

经营京果起步，成就商界巨子

张秋舫出生于亦儒亦商的商业世家。此前的几代人虽以经商

谋生，但规模并不大。生于1840年的张秋舫，未及弱冠就接手祖业，最初从事的是京果生意。他采办福建土特产水运到上海，再运回京果在福州销售。京果原指当时北平、天津、山东等地出产的货物。20世纪初，京果的货源地已延伸至江苏、浙江、四川等地。经营京果除了需要投入大笔资金外，还要获悉各种商品的供销信息，协调从采购、运输到销售的一系列环节，可谓费神费力。当时的福州，"农历正月人家需用京果之货尤多。正月故俗拜年，则瓜子一物，家家必备；而糖料及嫩饼点心，亦人人必买"。故"每逢农历年节期至，京果店置货尤忙"，"其余大吉日、婚嫁办喜事送礼，则京果居一大部分"。由于当时福州及周边地区对京果的旺盛需求，张秋舫的生意做得风生水起。

自1910年起，张秋舫购置货运船只，扩大水上货运业务，同时在福州开办迈罗罐头厂，把福建的荔枝、龙眼、冬笋等特产加工成罐头，运往上海销售。随着经济实力的增强，张秋舫不断向新的领域拓展，涉足当铺、布行、绸缎店、百货行、照相馆等，各种商行达20多家。他还先后开设了"厚坤""厚余"两家钱庄，并在厚坤钱庄发行台伏票。

起航福州商会，担任首届会长

1903年，清政府成立商部，并鼓励各地设立商会。当时常驻上海的张秋舫便与罗筱坡、李郁斋等人商议，并返榕联合福州商

张秋舫：引领福州商界一代风骚

帮人士，于1905年成立福州商务总会。张秋舫成为福州商务总会第一届总理（后改称会长）。1911年，张秋舫代表商务总会以白银11350两购买房屋，把原设在下杭的会址迁至上杭街。依彩气山而建的新会址，是以魁星楼（八角亭）为核心的园林建筑群。100多年前的上下杭虽然店铺毗连，但没有高楼。从魁星楼上纵目远望，可见闽江翠带环腰，更远处则是高盖山、五虎山前后相叠，翠色如屏。商会选此风光殊胜之地为办公地点，可谓独具慧眼。

当时，福州全市的商店有1.5万多家。商务总会首批45名会员，是来自福州、兴化、福宁、延平、建宁、邵武、汀州等地的商户代表。作为福州的首届商会，又是在全国较早成立的地方商会，福州商务总会既要开展相关的调查摸底，制定诸多行规与制度，探索可行的管理模式，又要凝聚各商帮力量，维护商界共同利益，交流分享信息，协调各种矛盾，事务相当繁杂。张秋舫以过人的精力与协调能力处理各项事务，使新成立的商会发挥了突出作用，也为商会的未来发展打下了坚实的基础。

在维护商会日常运作的同时，他还积极参与当时的一些重要活动，以维护民族权益，保护商人利益。福州商务总会成立不久，就响应上海总商会的号召，制定福州商界抵制美货的八条公约，组织商人抵制美货，保护民族工商业发展。

1906年，林则徐的嫡曾孙林炳章返乡开展禁烟戒毒活动，丁忧在家的清代名臣陈宝琛也加入禁烟行列。福州商会闻风而动，

福州商务总会旧址（张国兴／摄）

积极响应。张秋舫、罗筱坡、李郁斋参与陈宝琛、林炳章发起成立的福建去毒总社，发动商家为禁毒活动募集经费，勒令土膏行、烟馆改业，打击售毒的洋商、奸商。不到一年，福州的吸食鸦片现象得到有效遏制。

1907年，法商魏池拐骗闽工1825人，拟送往巴拿马运河做苦役。福州的工人、店员及爱国士绅、官员于2月23日召开会议，制订救援措施。福州商务总会致电厦门商会，联络厦门工人、店员和商界共同救援，截获了企图从厦门出港的船只，解救了被拐骗的闽工。

张秋舫连任两届会长，以他为领军人物的福州商务总会，为福州商贸领域的联合自治做了大量开拓性的工作。

热心文教事业，致力社会公益

魁星是中国古代星宿名称，传说主宰文运。福州商会的所在地，供奉的是一尊魁星踢斗神像。魁星楼边门墙上有一副对联："林花著雨胭脂湿；水荇牵风翠带长。"联句出自杜甫的《曲江对雨》。其间所洋溢的风雅，显然不同于大多数商会"在商言商"的氛围。

魁星楼二层便是商圈学子读书的地方。张秋舫幼年在自家私塾攻读诗书，对文化的传承与发展格外重视。他家中也设有私塾，聘请教师为子孙教习汉文、英文和算学。亲友子弟若有意来此学习，一律免费。在近代教育事业逐渐兴起的新形势下，张秋舫敏锐地意识到新式学堂对培养人才的重要作用，与罗金城等人出巨资在大庙山创办商立两等小学堂，聘请学界知名人士汪涵川为首任校长。这座学校后来又增办中学，校名亦几经更改，至1950年获准增办高中，命名为"私立福商中学"，发展成一所完全中学。1952年私立福商中学收归公办，成为福州市第四中学。

福州万寿桥北至今还屹立着一座民国气息浓厚的红砖大楼。那是由著名爱国侨领黄乃裳捐款购置地皮，张秋舫、罗筱坡等巨商捐款建设的福州青年会大楼。在当时的福州，这座集教育、阅览、研讨、交谊、锻炼、娱乐于一体的大楼，建筑考究，设施先进，可谓得风气之先。美国著名教育家杜威访问福州期间，曾在此讲演。著名作家郁达夫曾在这里寓居半年之久，后又在此发表《中国新文学展望》公开讲演。作为传播先进科学知识与文明生活理念的平台，这里对新一代福州人的成长与发展产生了重要的影响。

1915年，享年75岁的张秋舫辞世。那时张氏家族的商业已呈颓势，但本省的知名人士、社会团体及诸多亲朋好友纷纷前来吊唁，三日不绝。出殡那天，送殡人数达3000多人。能获得这样的哀荣，与他在社会公益方面所作出的突出贡献是分不开的。

曲终人散，余音袅袅

张秋舫经商致富之后，与弟弟张幼亭默契配合，共同经营。两兄弟的子孙成年后多在家族的各家商号从事经营管理。晚年的张秋舫回老宅养老，把所有经营活动交由后代管理。但由于人心不齐，经营谋略失当等原因，张氏家族的生意渐呈颓势。抗日战争全面爆发后，商品流通受阻，金融业务几近崩溃，对本就经营不顺的张氏家族更是雪上加霜。众多企业所剩无几，勉力维持的迈罗罐头厂、西来家具厂、宜华照相馆后来由张秋舫长子张星甫接手经营，生意亦日益惨淡。

风光一时的商业家族雄风不再，但也不是从此毫无声息。20世纪30年代，张秋舫的侄孙张顺凡开辟了自上海经温州、福州、厦门、汕头至广州的水上航空运输航线。在航路沿线没有对应陆地机场的情况下，他只能利用海面或内河设置飞机停泊点，这就需要配备相应的水上飞机、专用汽车与接送船只，建造水面浮站，落实因特殊情况需要安排乘客住宿的旅店。在80多年前的福州，张顺凡的胆识与勇气令人赞叹，他也因此被誉为"福州航空运输第一人"。

谁知时势变幻，经营数年的航空运输线因战事而停航，他所创办的福达汽车公司也于1956年并入福州市汽车修造厂。张秋舫的后人在福州从商者不多，移居各地的子孙中，有多人在工业技术、教育等其他领域表现出色。（余文静）

参考文献

文净：《张秋舫，引领福州商界一代风骚》，《闽都文化》2022年第1期。

李郁斋：一代儒商"郁斋伯"

位于上杭路100号的魁星楼，既见证了福州商务总会从无到有的辉煌，更见证了上下杭商贸的百年历史风云。作为福州商务总会"创会三杰"之一的李郁斋（1844—1935），先后任首届、第二届协理（相当于副会长），是清末福州商界绕不过去的人物，被誉为"清末福州十贤"之一。

李郁斋（福州市工商联/供图）

弃儒从商

李郁斋，又名馥南，人称八爷，福州凤岗里葛屿村人。

出身儒商之家的李郁斋自幼熟读经史。青年时他弃儒从商，随堂叔李万利到上海学习经商。回福州后，他在台江下靛街（下杭路西段）开设了国泰商行，经营土产业。李郁斋在初入商界时就树立了"勤奋经商，诚信办商，踏实务商，正当营商"的商业理念。在李郁斋：一代儒商"郁斋伯"

他的苦心经营下，国泰商行迅速壮大，没几年就发展成连锁店。那时，开埠几十年的上海已经发展成为日益繁荣的商业大都市。有了一定商业基础的李郁斋认定上海蕴藏着更大的商机，于是决定开拓榕沪之间的贸易，扩展自己的商业版图。李郁斋先是在上海设立商行，又购置木帆船，将采办的福建土特产品运至上海，再将上海的棉布、百货等贩回福州。由于当时福州及周边地区对棉布、百货等需求较多，从事榕沪两地间物资交流的李郁斋生意愈做愈大，他也成为上下杭地区福州商帮的早期代表性人物之一。

"创会三杰"之一

晚清洋务运动兴起后，中国社会的经济结构发生了极大的变化，新型的商人群体逐步形成。

为了促进国家经济的振兴，加强国家对经济组织的管理，在商人的呼吁和清政府官员的推动下，1903年，清廷在中央各部之外新设立了商部，作为统辖农工商实业的最高管理机构，并全力推进全国各级商会的建立。李郁斋和张秋舫、罗筱坡等商量，决定牵头成立福州商会。1905年，他们联络福州各商帮，组织成立了福州商务总会，会址设在下杭街。张秋舫任首任总理（相当于会长），罗筱坡、李郁斋任协理。

福州商务总会是一个具有近代商会性质的工商团体，它以"联络同业，开通商智，和协商情，调查商业，提倡改良，兴革利弊；商家如有债务商业纠葛，尽可赴会处决等"为立会宗旨，设议董制，管辖范围为省内除漳州、泉州、龙岩、永春以外的其余地区。首届福州商务总会的45名会员，是来自福州、兴化、福宁、延平、建宁、邵武、汀州等地的商户代表。作为福州的首届商会，又是全国较早成立的地方商会，福州商务总会没有先例可循。商会开展相关调查，制定行规制度，探索可行管理模式，同时凝聚各商帮力量，维护商界共同利益，事务相当繁杂。李郁斋协助张秋舫处理各项事务，使新成立的商会发挥突出的作用，也为商会的未来发展打下了坚实的基础。

最初，福州商务总会没有固定的会址，聚会议事都在张真君祖殿，十分不便。1911年，福州商务总会以白银11350两购买上杭街48号（现为上杭路100号）的杨孙耀房屋作为商会新会所，并在官府备案。房屋位于上杭街后彩气山上，始建于清代，系以魁星楼（八角亭）为核心的园林建筑群，占地面积约3300平方米，建筑面积2200平方米。魁星楼是福州商务总会讨论研究保商、振商、造福桑梓、决策商情的"会长议事厅"，还曾是商会成员子弟学习的书斋，楼上学生读书，楼下立有一尊魁星塑像。

作为福州商务总会首届、第二届协理，李郁斋为福州商贸领域的联合自治做了大量工作。在维护商会日常运作的同时，李郁斋和福州商务总会还积极参与当时的一些重要活动，为维护民族权益、保护商人利益勇担道义。福州商务总会成立不久，就制定福州商界抵制美货的八条公约，保护民族工商业发展；1906年6月，李郁斋与张秋舫、卢少泉等召集各商帮出资赴上海等地采办米石运往福州，有效缓解了紧张的福州粮食供应；1907年，福州李郁斋：一代儒商"郁斋伯"

魁星楼（张国兴/摄）

商务总会联手厦门商会，解救被拐骗的闽工1825人……

福建去毒总社发起人之一

"禁烟一事，关系国之贫富、民之强弱，至深至巨。"鉴于福建鸦片泛滥，国民贫弱，1906年5月，李郁斋和张秋舫、罗筱坡等商界领袖积极响应林炳章等发起的禁烟戒毒活动，并与各界团体在林文忠公祠内联合成立福建去毒总社，提倡戒烟。去毒社成立后，会所设在下杭街商务总会，在南台大庙山设戒烟第一局，城内设第二局。在福建去毒总社的号召下，全省各地纷纷响应，各府、州、县、乡、里设支社共75个，隶属总社，又根据各地实际情况制定禁烟之法。福州商务总会带头发动商家为禁毒活动募集经费，勒令土膏行、烟馆改业，打击售毒的洋商、奸商。从此，上下杭地区成为福州禁毒斗争的指挥部。在社会各界人士密切合作下，不到一年，福州的吸食鸦片现象得到有效遏制，宣传禁毒工作取得显著成绩，社会风气焕然一新。去毒社的戒烟活动一直持续到1916年。

乐善好施之儒商

李郁斋一生乐善好施，在乡间修桥、铺路、办学、赈灾等方面捐资颇多，乡人誉称李郁斋为"郁斋伯"。20世纪二三十年代，他曾回葛屿村居住，并担任凤岗祠董事会董事长，专门调解民间纠纷。据传，凤岗周宅村有一农民唐朝枝，为人厚道，其屋后一果园被附近冯宅村大财主游金铸利用与军队关系侵吞。后来唐朝枝求助李郁斋，李郁斋通过其与军队的关系，将事情圆满解决。

在辛亥革命时期，李郁斋倾向民主共和，与福建革命党人林斯琛、林斯贤、郑祖荫等人关系密切，支持革命。（刘磊）

参考文献

1．赵素文、陈志：《流花溪畔古村落》，《福州晚报》2018年5月12日A12版。

2．福州市政协文史资料委员会编：《上下杭史话》，海峡书局，2013年。

3．福州市仓山区金山街道志编纂委员会编：《金山街道志》，2023年。

洪晓春：鸿儒巨贾"晓春伯"

2024年初，厦门市翔安区窗东社区的窗东埭开始了修复工作。这座建于1947年的海埭，70多年来屡次为窗东村民阻挡了台风带来的灾害，也成功将200多亩滩涂改造成可种植粮食的田地。窗东埭是厦门总商会的先驱、爱国爱乡的社会活动家洪晓春（鸿儒）（1865—1953）捐建。这位100多年前的厦门商界泰斗，一生跨越三个时代，每个时期都闪闪发光。

洪晓春（厦门市工商联/供图）

一路进阶，一路闪光

洪晓春，1865年出生于同安窗东村。1909年举孝廉方正，是当年同安一带响当当的名儒。也是在这一年11月，洪晓春与乡绅洪春如一起到马巷十三都洪姓聚居各村，劝说同宗勿种罂粟，已种的一律剪除，改种其他作物。他的苦口婆心得到了大家的响应。

不惑之年迎来"赐六品章服，备召用"，洪晓春却悲从中来：清政府政治腐败，民心思变，自己也改变不了什么。洪晓春决定弃儒从商，他来到了厦门，开设经营粮食的源裕行，从此定居下来。创业初期，他只经营粮食。由于他做人善良真诚，做事踏实守信，业务蒸蒸日上，开始在商界崭露头角。

这一时期，厦门城市建设开始推进。在旧城改造的浪潮中，经济实力日益增强的洪晓春也投身其中。

1929年7月，洪晓春和张镇世投资20万元在市区承办厦门市公共汽车公司，置办16辆客车，新辟市内线路5条，基本覆盖了厦门城区、厦门港的主要区域。

20世纪20年代后期，东南亚经济复苏，洪晓春抓住机遇，开设了源裕汇兑信局、信义孚钱庄和经营进出口贸易的源裕行，此后又兴办五福冰糖厂。

为助力老家经济发展，洪晓春邀请同安企业家乡亲集资建成一条"兴安街"，寓意兴旺同安经济，并鼓励华侨回乡投资建设。在他的牵线搭桥下，印尼华侨黄超群黄超龙兄弟、菲律宾华侨李昭北、越南华侨陈式灿、马来亚华侨陈可补等人投资开辟思明南路、大同路、鹭江道和中山公园周边一带，买地建楼。积累了一定资本后，洪晓春开始了他的"达则兼济天下"。

洪晓春：鸿儒巨贾"晓春伯"

负责尽责，勇于呐喊

一代人有一代人的使命，一代人有一代人的担当。担任厦门商务总会会长时，洪晓春积极为商人代言，维护商人正当权益；厦门遭受英国越权侵占时，他不畏强权，挺身而出，积极奔走交涉；主持市政会工作时，他出钱出力，参与城市建设……

1904年厦门商务总会成立。1908年起，洪晓春先后任厦门商务总会第二、六、七、九、十、十一届会长（总理、主席），第八届副会长；抗战胜利后，受聘第十二届名誉理事长。在商会任职20多年，洪晓春积极为商人代言，多次前往市政府及相关部门沟通协调，组织领导工商业界妥善应对苛捐杂税、金融风波，维护商人正当权益。遇到商界人士上门求助调解交易纠纷，他甘当"乡老"，屡屡化解矛盾，也因此"晓春伯"得到了商界内外的广泛敬仰，成为著名的商界领袖。

1931年国民政府实施营业税后，福建省财政厅征收营业税的同时照旧征收以往的"铺捐"。洪晓春毅然代表商会致电财政部，"闽省财政厅现竟派员到厦整理该捐，殊属违反法令"，要求裁撤铺捐。厦门沦陷前，商业凋敝，金融业首当其冲，大量白银从厦门运往香港，抢劫时有发生。为维持厦门金融业发展，洪晓春多次组织会议，讨论救济措施，最后商会出资成立壮丁队用于自卫及协助军警，并向市政府提交加强治安管理和救济金融方

109

案，均获通过。

对于外国势力，洪晓春也不甘示弱。1918年9月，英国利用南北军阀混战之机，派兵登陆厦门，将今海后路、升平路西段和鹭江道中段（旧称"海后滩"）划为租界，其侵略行为引发厦门各界人士奋起抗争。时任厦门总商会会长的洪晓春被推举为厦门保全海后滩公民会会长。他及时与各部门联络交涉，同时积极发动居民开展各种反英斗争，迫使英国政府驻厦领事拆除围墙，降下英国国旗和"界牌"。

洪晓春还曾任厦门市政会第二届副会长、第三届会长。他在任期内主持建设第七、第五市场，捐资参与建设中山公园，资助建成厦门报警钟楼。这期间，厦门开始兴建第一条马路开元路，由于资金不足，加上屡遭外籍商户、无业流民的阻挠而多次改线。洪晓春与市政会人士不懈努力，积极协调，历时七年，开元路终于在1926年完成混凝土路面的铺设。

负责尽责，"晓春伯"是厦门那段时期当之无愧的"商会先驱"。

开启民智，热心公益

在翔安一中的碑林内，如今仍矗立着洪晓春创建马巷启智学校的碑记，"马巷启智学校校舍始建于民国十年秋……"，落款"中华民国十四年仲秋董事洪鸿儒谨识并书"。这是洪晓春兴办

洪晓春：鸿儒巨贾"晓春伯"

教育开启民智的实物印证。

洪晓春虽出身科举，但他并不反对吸收外来文化。兴办新学热潮之际，1905年他与洪湛恩、陈宗英等发起，将马巷的舫山书院改为舫山学堂，这是马巷地区第一所近代新式学堂。1920年，社会治安好转，洪晓春又与高开斋、朱莲卿、王式焕等人发起在舫山小学原址创办启智学校，校门对联"启迪身心资圣教；智仁动静悟天真"阐明"启迪民智"的办学宗旨。

1906年2月，洪晓春与杨景文、黄廷元等人发起创办大同两等小学堂，校址在赖厝埕，是厦门市最早设立的小学之一。大同小学创办初期，洪晓春到处为兴建校舍、增添教学设备而募捐经费，被推选为大同小学董事会董事长。由于他热心教育事业又有学识，一度被推选出任厦门教育会会长、思明县教育行政委员会委员，还是筹助厦门大学经费的厦大协进会发起人之一。鉴于福建省各地公路次第完成，汽车公司会计人员奇缺，他与严焰、黄廷元等组织成立汽车会计补习学校。他还在家乡窗东独资创办窗东小学，在刘五店参与创办光华学校，在马巷创办毓秀女子学校等。

洪晓春热心教育开启民智的同时，也不忘慈善事业。1922年，洪晓春倡导成立厦门益同人公会，并任名誉会长。他牵头发动各商户和南洋各地捐款充实慈善基金；定期举办施粥、施棺；暑天在街道上设奉茶处，免费为人力车夫和贫民提供凉茶；严冬设避寒所，发放用麻袋缝制的衣服供贫民御寒；春节临近时，发放"米单"供贫民过年；还倡办益同人医院，免费为穷人治病施药。同安的莲河古渡口和刘五店码头虽然船务繁忙，但出了码头都是乡间土路，为方便往来贸易，洪晓春在东坑乡主持修建马巷—莲河、马巷—刘五店公路。家乡村民苦于耕田过少，他捐资兴建窗东埭，筑海堤抵御洪灾，使淤泥滩变良田。即便身处海外，他仍心系难民同胞。前往菲律宾途中，他看到船上难民衣服单薄、盘缠不足，便与船长商量将船改驶香港，还利用船上的无线电联系香港的福建商会、福建同乡会设法安置难民。

黄花晚节，颂声载道

1936年底，厦门市商会、厦门市教育会、益同人公会等40多个社会团体忙进忙出，多次聚首共商"大事"。原来12月8日是洪晓春七十晋二诞辰。因洪晓春"年高德劭，为各界所共钦"，大家计划为他举办祝寿活动。洪晓春得知后立即在报纸上发表看法："国难严重，前敌将士餐风宿露，自维衰老，不能执干戈以卫国家，已属遗憾，何敢重累各界耗资，以自逸乐。"他的意见见报后，各界人士很受感动，改变原先盛宴祝寿的做法，"将欢宴醵资充慰劳前敌的捐款"。12月16日，洪晓春先生寿辰醵资援绥筹备处将筹到的2641元汇往绥远省政府。

1938年5月10日，厦门沦陷。洪晓春不愿出任日伪政权的"治安维持会"会长，撤离厦门，避往海外。1942年洪晓春在马洪晓春：鸿儒巨贾"晓春伯"

六甲被日军拘捕入狱，面对敌人的威逼利诱，他坚守民族气节，毫不动摇。日本特务又耍诡计，只要他肯在"悔过书"上签名，就放他出狱。他视死如归，大义凛然地告诉敌人："爱国何罪？无过可悔。"1945年日本无条件投降，洪晓春离开日军的集中营前往新加坡，新加坡侨界闻人和厦门的乡亲们为他举行欢迎宴会。消息传到厦门，商界的故交和亲友纷纷发去电报，期望他回到厦门。

1946年10月初，洪晓春乘船回厦，途经香港时，旅港福建商会、福建同乡会联合举行盛大宴会，庆贺他脱险荣旋。当轮船抵达厦门时，已是10月16日的傍晚。除各团体的代表外，上千市民自发冒雨在轮渡码头迎接，争睹爱国老人"晓春伯"的风采。第二天，在厦门市商会的欢迎会上，洪晓春受聘为厦门市商会名誉会长。

中华人民共和国成立后，洪晓春先后担任厦门社会救济委员会主任委员、厦门市各界人民代表会议协商委员会委员。1950年12月26日，被中央人民政府任命为福建省人民政府委员。1952年任福建省工商联筹委会主任。

1953年1月4日，洪晓春因病逝世于中山医院，享年88岁。

生于斯，长于斯，死于斯，铭于斯，其间有不澌者在。中山公园内，厦门市政府为纪念洪晓春建设的晓春楼，如今改造为中山公园史迹馆。晓春楼不仅见证了厦门城市的蓬勃发展与时光流转，也是对"一代儒商"洪晓春的永恒记忆与怀念。（吴翠珊）

洪晓春受任福建省人民政府委员证书（厦门市工商联/供图）

参考文献

1. 洪卜仁：《厦门华侨纪事》，厦门大学出版社，2018年。

2. 洪卜仁：《洪晓春传略》（内部资料）。

3. 洪卜仁：《厦门商会档案史料选编》，鹭江出版社，1993年。

4. 陈大中：《厦门商会史》，鹭江出版社，2001年。

蔡友兰：驰骋福州商界的杰出莆商

在福建近代的商业发展史上，兴化帮是一个不得不提起的群体。他们嗅觉灵敏，敢于拼搏，善于拓展市场。他们经营范围广泛，特别是深耕当时的南北货、钱庄、运输等行业。在20世纪30年代至50年代，兴化帮在福州商会的核心人物，就是有"鞭炮大王""运输大王"之称的蔡友兰（1901—1991）。他经商才能出众，亦以侠义爱国行世，演绎了传奇的一生。

福晋春号分家

蔡友兰祖籍莆田县江口村。他17岁就到福州学习商业。此时，父亲蔡家齐与同乡林某在福州上下杭合资开设了一家福晋春号经营南北货，将福建的土特产如笋干、香菇、桂圆干、海产品等运往湖南销售后换回湖南特产苎麻、红矾、鞭炮等，利润丰厚。只是，合作的林某并不厚道，居然弄虚作假，以不正当手段独占厚利。而最终将这个局势挑破的，是蔡友兰。

到福州学做生意的蔡友兰精于珠算。一次，他将父亲来信中提到的商品进出价作为依据，重新计算了一遍营业盈亏的数目，发现与林某开出来的年终结算总清单上的数字大不相同，便立即将所差的数额列表送给父亲审阅。没想到，蔡家齐并不介意，还给儿子讲了"管鲍分金"的故事，"我有生以来从未外出，且又多病，对外地的习俗和商业景况都不熟悉，你又年轻，我实有孤掌难鸣之感，只好装聋作哑。他们虽然有欺诈，但我仍有利可得，因之隐而不究"。

在这件事情上，蔡友兰与父亲的观点并不一样，他认为既然是长期合作，就不应该被合作伙伴欺骗。

1919年，蔡家齐去世。料理完父亲的后事后，不足20岁的蔡友兰向林某提出要求清算过去的账目。于是，林某送来了两年的账目列表，蔡友兰在逐条核对后，将差错的数目请友人转交林某更正。这一举动把林某激怒了："一个乳臭未干的小孩，父亲死后理应规规矩矩继续合营。如有意见，生意立即结束，各自分开。"这场风波在友人几次调解下都无法平息。之后，蔡友兰和林某拆股，分开经营。

签订好拆股协议，蔡友兰即到福州，将原来的"福晋春"改为"蔡大生"，经营湖南与福建的土特产运销业务。蔡大生开启了蔡氏家族辉煌的商业史。

经过几年努力，蔡大生的业务逐渐发展，获利可观。蔡友兰的进取心让他在商业上的发展更加迅速。在南北货贸易上赚到钱的蔡友兰，很快想到将业务延伸到生产上。1922年秋天，蔡友兰在莆田的桂圆产地之一的江口村建起了一家桂圆厂。精通销售市场的他知道上等货的稀缺性,一开始就相当重视产品质量,运往湖南销售的都是上品。但在市场上总是新牌号比不上老牌号,结果每担被压价4元,好在即使这样,利润仍然不低。这种状况也很快就因为消费者的接纳而好转。第二年,每担桂圆价格只低了2元,而销售的数量却超过了老牌号。第三年,蔡大生的桂圆干已经与其他老牌号等价,而销售数量则超过三家老牌号的总和。

不久,这三家老牌号因为无力竞争停业,从此蔡大生垄断了福建到湖南的桂圆干市场。此时,蔡大生在湖南长沙、湘潭两地经营的鞭炮、白笋干、香菇、干海味、杂货等业务也逐渐扩大。

蔡大生号钞票

由于当时军阀混战,在某军阀割据时滥发的纸币,到溃退时全成了废纸,再加上匪患严重,所以,稍有信誉的商家开始发行纸币在本地市面上流通。

当时,蔡友兰在浏阳、醴陵、萍乡各县收购鞭炮已近10年,信用卓著。于是,他开始在浏阳发行蔡大生号纸币,票面注明"以银圆为本位",目的是使商家和群众在使用时不受币值影响。浏阳、萍乡、醴陵各县商户的南货和日用品,要向长沙、湘潭两地南货行采购,而蔡友兰在这两地的代理庄都可以兑换,信守纸票可随时兑回银元的承诺,被各地商家所信赖。一时间,外县商家多携带蔡大生号钞票来长沙、湘潭的南货行采购货物。因为各南货行都与蔡大生有生意来往，所以蔡大生号的钞票可等同现洋，甚至有人提现洋来兑换纸币。

根据蔡友兰在回忆录中提到的数据，到1928年，蔡大生号钞票已发行了30万元，这是一笔巨额流动资金，为蔡友兰生意的周转与扩大发展提供了不少便利。

当然，信誉是前提。据说，蔡大生一直设有专门兑换纸币的地点，甚至5年使用期限后，这种纸币在市场上仍然能流通。

短暂的福兴泉运输公司

蔡友兰在商业上的另一件标志性事件是创办福兴泉运输公司。

1930年代，建设厅厅长陈体诚希望发展福建的交通运输业，便找到了当时在商界已有相当知名度的福州商会会长蔡友兰。陈体的一句"福兴泉这一段汽车运输事业大有可为，将来发展未可限量"，让蔡友兰心动。蔡友兰开始为这项新事业周旋筹备。

不久，蔡友兰占股90%以上的福兴泉运输公司开业。蔡友兰当时拉上几个商场的朋友一起投资，总资本也不过5万元，并不起眼。为了节约成本，福兴泉最初的十几部车，都是改装后的旧车。当时，每辆新车的价格是1000美金，折合法币3000元；旧车每辆只要数百元至1000多元。很快，业务逐渐向好后的福兴泉将旗下车辆增加到了50多辆。

蔡友兰：驰骋福州商界的杰出莆商

抗日战争全面爆发后，海上运输变得相当危险，福兴泉沿线地区和闽江上游各县土特产品都改由汽车运输。这对福兴泉汽车运输公司来说是一次机会。当时福兴泉只有50多辆汽车，无法承担大量的货运任务，蔡友兰便想出个主意——人停车不停。

蔡友兰将福兴泉全线划分成若干段，甲段车辆开到乙段后，司机和工人在乙段休息，车辆则由乙段的司机和工人开往丙段。这样，50多辆汽车承运了大量货物。1937年到1938年年底，是福兴泉汽车公司发展最快的时期。

只是，这种快速发展并未持续下去。不久，抗日战争的形势越来越紧张，政府下令将福兴泉全线公路彻底破坏，福兴泉公司的汽车及全部设备由政府估价收购，分期付款。可是，国民党政府发行的钞票在不断贬值，到期还款又不履行，分期付款的办法如同骗局。蔡友兰干脆无偿捐献。

初入商会

1938年，蔡友兰进入闽侯县商会。他生性豪爽，民族意识强烈，与政府关系较好，这为其后他两任福州商会会长（理事长）打下基础。

1939年，国内抗战形势更加紧张，蔡友兰一家搬到闽北崇安县。在福兴泉运输公司的车辆和其他资产由政府估价接收时，蔡友兰留下了四辆货运汽车，带往崇安。到崇安县后，当地商家及

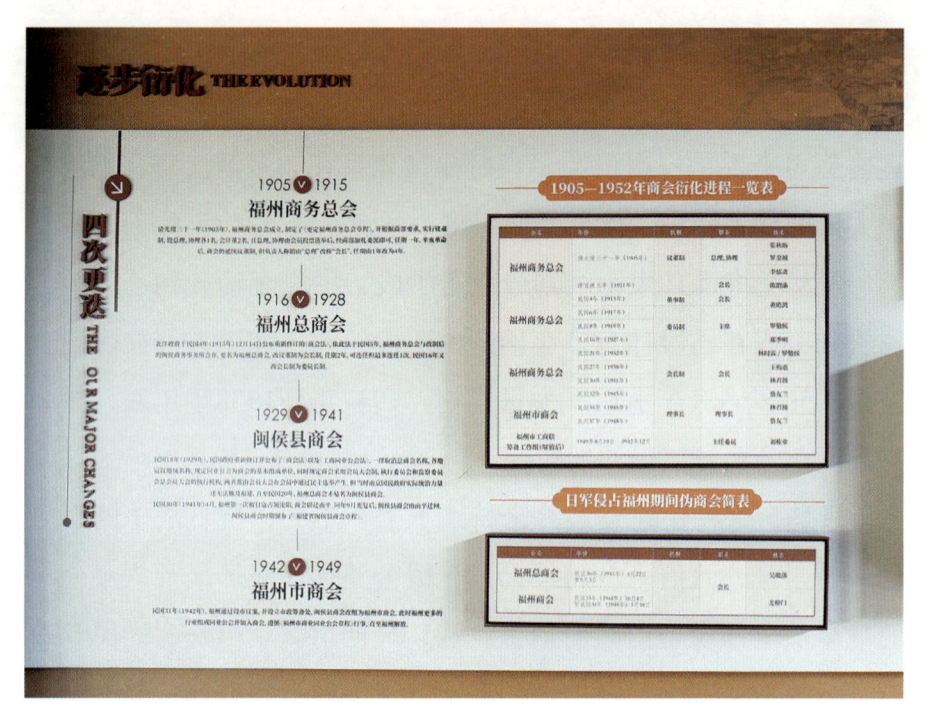

福州商会四次更迭（张国兴/摄）

江西河口镇商家向他提出开通货运的建议。因为河口镇与崇安两地土特产货物积压，过去经由光泽、邵武、建阳而达崇安，运输极为不便。而崇安至河口当时已有公路，但只有客车没有货车。很快，蔡友兰同意了这个建议。因为货运业务相当多，这家新成立的货运车队的生意也相当不错。

1940年，福州与闽南各地的战事告一段落，蔡友兰一家搬回福州，他将逐渐发展起来的内地运输业务交给专人负责，自己则将更多时间与精力花在了商会事务上。1943年，蔡友兰被推选为刚成立的福州商务总会会长。

蔡友兰：驰骋福州商界的杰出莆商

商界"马首"

1948年5月，福州市商会理监事换届，蔡友兰被推举为新任理事长。

随着国民党的溃败，福州社会、经济也十分动荡。当时，福州市商会主要任务是督促各商家采运供应市民日常生活的必需商品，协助地方政府稳定物价，应付国民党政府各项军政差遣，及维护工商户因国民党军队溃退而可能出现的混乱局面。未雨绸缪，福州各界成立了以市商会为主干的地方防护团，由萨镇冰任团总，蔡友兰为副团总，员丁由本市各救火会中调训100名，枪弹向海军方面借用，经费向各业劝募，以维护地方治安，免受散兵及破坏分子骚扰。两个月后，由于经费紧张，暂予解散，枪弹退还海军。

应付国民党的各项大小军差，是市商会最感困难的工作。当时工商业凋零，各行业经济力量十分薄弱，无法应付纷至沓来的各项军劳、军差、建筑防御工事等经费的负担。幸亏时任理事长的蔡友兰社交广泛，不少无理要求、摊派得以推却。

蔡友兰的处事风格和工作能力，使他在福州商界的声望倍增。蔡友兰两次拒绝国民党当局发来的赴台证，又以商会名义号召全市工商界照常营业，从而稳定了新中国成立初期福州经济社会的大局。

中华人民共和国成立后，他先后担任省人民政府委员，省、市政协委员，省文史馆馆员。寿享鲐背（91岁），留下良好的口碑。（郑芳）

参考文献

1. 蔡友兰：《福州民办交通汽车和长途汽车运输业梗概》，中国民主建国会福州市委员会、福州市工商业联合会编：《福州工商史料（第二辑）》，1985年。

2. 郑桂芳等：《兴化商帮在福州》，中国民主建国会福州市委员会、福州市工商业联合会编：《福州工商史料（第二辑）》，1985年。

3. 蔡友兰：《耄耋忆当年》，福州市政协文史资料委员会编：《福州文史集粹》，海潮摄影艺术出版社，2006年。

4. 福州市工商业联合会编：《福州商务总会的诞生与演变过程及其主要活动》，中国民主建国会福州市委员会、福州市工商业联合会编：《福州工商史料（会史专辑）》，1989年。

邓炎辉：经商未曾忘忧国

福州上下杭彩气山麓，有一座古朴典雅的古厝，它就是知名的邓宅。20世纪40年代，这里走出了一位闻名沪上的"笋干大王"，他是闽商中的得力干将，更是福建民营企业家的杰出代表——邓炎辉（1911—1998）。他曾多次掩护中共地下组织并长期支持儿子参加地下工作。改革开放后，他领衔福州市工商联率先成立福州市外商投资企业联谊会、福州市私营企业家协会，为福州的经济建设作出了卓越贡献。

邓炎辉（邓麟喜／供图）

燕江畔初露峥嵘

邓炎辉，曾名炜光，出生于江西临川。邓炎辉父亲邓锦发早年在永安经商,在西门破腹街设九安顺商行,积累了丰富的人脉资源。12岁那年,邓炎辉随父至永安,读书习商。

1928年2月,在江西开展革命工作的临川同乡、共产党员许瑞芳前往永安,化名许植民,由邓炎辉父亲介绍进入永安县立中学任教师。他在永安宣传马克思主义学说,并秘密组织工农运动。邓炎辉是许瑞芳革命活动的支持者,也成为他与中共结下的最早缘分。1931年11月,许瑞芳身份暴露,邓炎辉冒着生命危险,以商人身份涉关过卡掩护他回乡。途中巧遇红军,许瑞芳将妻子和儿女托付给邓炎辉,让其送他们回江西老家,自己则加入红军队伍。

1931年,全国各地掀起了经济建设热潮,九安顺商行的业务也有了很大发展。此时九安顺已交由年轻的邓炎辉打理。在布料这一块,无论是布匹还是进货渠道的选择,邓炎辉想得都比同行细致,更具前瞻性眼光。当时就有人说:"等着看吧!九安顺的生意会做得很大的。"

永安的土特产有笋干、木材、土纸、香菇四大宗。据《永安文史资料》介绍:"笋干主销福州、上海、江苏、浙江一带,抗战前闽笋每担正牌约光洋16元左右。运到上海,价好时可售32元左右,扣除运费税金每担纯利润5至8元。永安历史上……如严国材、邓炎辉等都是做笋干致富的。当时苏州、无锡、嘉兴、上海、乍浦五地都设有沙永会馆,是沙县、永安商人在省外货物集

邓炎辉：经商未曾忘忧国

散地。出去的是笋干、土纸、香菇等土特产，进来的是京果什货，或棉布、百货。永安闽笋曾销往暹罗和缅甸各地。"可见邓炎辉还涉足海外贸易。

在永安贡川镇胜利巷43号有座古老的笋帮公栈，这是清代东南最大的笋干批发市场，影响力辐射全国。"老底子"的上海人对于闽笋都有着浓浓的情结，江浙人也有"无笋不成年"的说法。邓炎辉深知其中奥妙，常年派代表驻留上海，紧盯着上海及周边市场。

永安长期为闽省经济重镇，1938年省政府迁来后，人口骤增，其物资供应较前增长数倍。邓炎辉组织、协调、调运物资，九安顺业务有了更大发展，还拓展到汉口等地。

1941年，邓炎辉被推举为永安县首届商会会长和福建省商会常务理事。

彩气山旺地生聚

1942年，邓炎辉决定将九安顺商行移业福州。他在福州的第一条水泥马路、旧称为兴化街的下杭街西段，开设了祥昌商行，并与号称"京果水牛"的徐德发大楼望衡对宇，很是气派。同时他也在上海的龙门路1号开设了临丰福商行。不久后，邓炎辉又独资创办了福州怡大土产商行和上海怡大商行，成为上下杭闽商大本营的后起之秀。

邓炎辉从血缘上说应属赣商，但从资历经验上看又属上四府（建宁、延平、邵武、汀州）沙永商人，这使得他在福州这个闽商大本营中如鱼得水。

风雨同舟，做中国共产党的忠诚朋友

中华人民共和国成立后，邓炎辉和福州市的工商业者一起贯彻落实《约法八章》，恢复市场秩序。在支援抗美援朝运动中，邓炎辉是福州市工商界爱国捐献委员会副主委兼秘书长，发动全市工商界捐献飞机八架，超额完成两架。

1951年，邓炎辉是福建省委统战部推选到北京参加国庆观礼的福州市工商界唯一代表（全国私营工商业者模范代表共96名）。到北京后，邓炎辉收到一封毛泽东主席署名的请柬，随请柬附了一张毛主席签名的半身照和一套干部服，邀请他参加9月30日晚在怀仁堂举行的招待会。10月1日，各界模范代表一起登上天安门观礼台，参加国庆庆典活动。10月23日，中国人民政治协商会议第一届全国委员会第三次会议召开，邓炎辉作为22位工商界代表之一，与荣毅仁、经叔平等著名工商界人士一起应邀列席这一当时全国最高规格的会议。

1956年1月，福州掀起了全行业社会主义改造高潮。邓炎辉

邓炎辉：经商未曾忘忧国

下杭路209号邓炎辉旧宅内景（管澍/摄）

与市工商联负责人一起，夜以继日组织和推动全市48个行业、6640家企业集体向福州市人民委员会申请全行业公私合营。

1987年，邓炎辉已经77岁了。老骥伏枥，志在千里。由他领衔的市工商联一班人，率先成立了福州市外商投资企业联谊会，这是全国第一家成立的此类机构。

在邓炎辉的带领下，福州市工商联又于1988年1月成立由45位民营企业家参加的福州市私营企业家协会。

邓炎辉常说："我原本就是个看淡钱财的人。没有共产党就没有新中国。中国近代饱受列强欺凌，是共产党将中国人民组织起来了，做成了了不起的大事。"

各级党委和政府对他信任有加，邓炎辉除了连任四届福州市工商联主委外，还历任省工商联副主委、全国工商联执委、省人大代表、省政协常委，市人大常委会副主任、市政协副主席、民建福州市委主委等职务。

育子当为千里驹

1948年12月20日，正是淮海战役激战正酣之时，上海四川路一家咖啡馆里坐着三个年轻人，为首的名叫倪锋，是华东情报部的情报员，另外两人陈志宏、邓敬熙，都出生于福州的富裕家庭。陈志宏在兄长开设的大丰行里任职，邓敬熙则是邓炎辉的长子，此时正在上海大夏大学学习，两人经进步学生张乃文的介绍认识了倪锋。

咖啡厅里，昏暗的灯光下，倪锋告诉他们俩："我们的上级领导是中共城工部，我们的组织叫福建青年解放军，任务是收集国民党军政情报；策反敌人；必要时开展武装斗争。"

三天后，陈志宏、邓敬熙乘海轮回到福州马尾。他们开始在中学同学中物色积极分子，先后发展了34人。他们深入国民党军营、工事周围暗访，认真核对情报，再密写，先后三次派员赴上海交予倪锋，倪锋转交红色交通员郑毅，再转送设在山东解放区的华东情报部机关。

邓炎辉：经商未曾忘忧国

随着解放大军的隆隆炮声由远及近，邓敬熙由父亲邓炎辉朋友毛一峰引荐，与陈志宏代表中共一同看望北洋元老、海军名将萨镇冰。在他们的沟通下，萨镇冰表示拥护共产党的政策，愿意献出武器弹药。他们还在福州解放前夕，派地下党员进入银行、仓库、邮政、海关等单位封存粮食、现金，等候接管。

邓敬熙长期参加中共地下组织工作，得到了邓炎辉夫妻的支持。妻子陈丽玉是邓炎辉的贤内助，也是商场上的左膀右臂。早在20世纪50年代，她就走出家门，担任福州市工商联家属工作委员会主任，带领工商联家属挖晋安河、修三八路，投身于社会主义的建设热潮中。因杰出的工作成绩，陈丽玉被评为福建省建设社会主义积极分子和全国三八红旗手。

邓炎辉的幺儿邓麟喜从小耳濡目染，对工商联工作较为熟悉，积极参加商会活动。他于1997年至2011年间，担任福州市工商联第十至十二届主席，直至退休。

邓炎辉于1998年2月10日以米寿寿终。作为中国共产党的忠诚朋友，"坚定不移跟党走"是他的口头禅，无论从哪方面看，他都说到做到了。（管澍）

参考文献

1. 林精华、林开榕：《"江西帮"邓炎辉与"怡大"土产商行》，《福州晚报》2006年12月25日。

2. 邓家焕、蔡方琏：《解放前永安商业简况》，中国人民政治协商会议福建省永安县委员会文史工作组编：《永安文史资料》（第3辑），1984年。

3. 林志雄：《丹心一片书平生——记邓炎辉副主席二三事》（内部资料）。

第四篇

壮志报国的商界精英

近现代闽商深受中国传统家国情怀的影响，常具壮志报国之情怀。有些闽商成就一番事业后不忘桑梓，回国回乡兴办产业、资助教育等，以其经济实力助推发展；有些闽商或通过发明创造实现其实业报国之志，或从经商转向科研，以著书立说反哺产业。本篇将讲述部分商界精英的赤子心、强国志和报国行。

倪松茂：从实业救国到参政议政

年轻时，曾立下"振兴实业，科学救国"的宏愿，并牵头创办福州松茂化工厂；中年时，将自己的实业捐赠给国家，并积极投身社会主义建设；古稀之龄后，作为政协委员视察、调研，对福建省经济发展提出了众多的建设性意见和建议……他就是由实业救国到投身社会主义建设的福建商界传奇人物倪松茂（1910—1995）。

立志实业救国的化学专家

倪松茂，福建福州人，生于1910年10月。中学就读于榕城格致书院，后就读于上海圣约翰大学、福建协和大学。思想进步的倪松茂大学期间就积极参加当时风起云涌的进步学生运动。

1935年，倪松茂从福建协和大学化学系毕业后，留校任助教。1936年暑假，倪松茂北上到燕京大学任研究助手。七七事变后，立志科学救国的倪松茂放弃了燕京大学的工作，经上海返回福州，到福建省立科学馆化学部任研究员。在省立科学馆期间，倪松茂先后获得多项科研成果，并出版多部著作，成为当时省内

福建协和大学（魁岐）（林淑琴/摄）

科技界的名人。尤其是无水酒精及汽油混合物的汽车燃料这一发明，经当时的国民政府经济部审查，授予发明专利权5年。

当时，福建沿海港口被封锁，作为交通运输血液的汽油、柴油等供应日趋困难，汽车运输业务受到严重威胁。福建协和大学化学系林一教授利用土法试验提炼松柴油以代替进口柴油，初步试验成功后，林一教授得到时任省运输公司部经理胡时渊的支持，在建瓯城内设立动力燃料试验所。

1940年10月，倪松茂接受当时担任动力燃料试验所所长的校友林一邀请，前往建瓯工作。经过全体研究人员半年多的共同努力，逐步解决了小规模制炼上的技术问题，炼成的松汽油、松柴油先后在闽江轮船及德国产奔驰牌柴油汽车上试车成功，在各型发动机上试用也均告成功。

1941年5月，省运输公司成立动力燃料厂，并分别在建瓯县城和溪口两地设立一厂和二厂，以松根、松香提炼松汽油与松柴油。经倪松茂、林一等人的全力合作，1942年初动力燃料厂产量就达到月产松柴油20吨、松汽油2000加仑。另以松香和松根提油后剩下的特重油及松蜡为原料，以活性白土为催化剂，经高温加压热裂分解，制成裂化油，再经精炼制成汽油，充为车用。

1943年6月，动力燃料厂改名为福建炼油厂，以建瓯总厂为管理总机构，下设建瓯第一厂、溪口第二厂、沙县第三厂及水吉、将乐、莘口分厂，共6个单位。至1943年底，福建炼油厂的松汽油产量已达5500加仑，基本上解决了当时公用汽车、公用轮船的用油困难，对维持抗战后期公路运输起到了相当重要的作用，得到了有关方面的重视和赞扬。

1944年起，倪松茂开始在母校福建协和大学化学系兼任教学工作，对福建省轻工业生产和需求等方面进行了系统深入的调查研究。

20世纪40年代的中国，肥皂尚为一新鲜物品。倪松茂为了解决百姓所需，同时也实现自己"振兴实业，科学救国"的抱负，于1945年从建瓯返回福州，牵头在台江新港联合创办了私营福州松茂化工厂，自己担任技术厂长，生产市场紧缺的肥皂。福州松茂化工厂虽然只是一家小型化工厂，但设备先进，生产操作实现半机械化。为了提高产品质量，倪松茂在工厂建立了实验室，这在当时是很少见的。功夫不负有心人，福州松茂化工厂生产的质优价廉的肥皂很快就打开了销路，占据了市场很大的份额。

福州松茂化工厂生产的肥皂没有畅销多久，就受到英国著名的肥皂托拉斯——联合利华股份有限公司投资的英商中国肥皂公司的打压。英商中国肥皂公司为了打压国货，向福州等地低价倾销肥皂，导致福州松茂化工厂生产的肥皂迅速由畅销变为积压，经营愈来愈困难，后来甚至连工人工资发放都成了问题。为了寻找新出路，倪松茂于1948年兼办了一家锯木厂，但依旧难以改变经营困难的状况。

回忆当初的困境，倪松茂感慨万千地说道："谁不想国富民强，有个安定幸福的生活环境呢？我从协和大学化学系毕业后，一心抱着'振兴实业，科学救国'的理想，奔走在讲台和试验室之间。甚至在福州沦陷期间，还到建瓯县开办炼油厂。后来又在福州与人合办化工厂。含辛茹苦几十载，殊不知满目疮痍难医治矣！残酷的现实使我渐渐明白了：科学救国是行不通的！"

参与工商联筹备的民族工业家

意识到仅靠"振兴实业，科学救国"很难实现自己的抱负，倪松茂开始寻求国富民强的新途径，福州的解放和中华人民共和国的成立为他实现理想抱负提供了广阔天地。

1949年8月17日，福州市宣告解放。8月19日，福州市人民政府工商局接管福州市总商会和福建省工业会，倪松茂在福州市工商局的领导下，参与筹备成立福州市工商业联合会的工作。倪松

倪松茂：从实业救国到参政议政

茂看到了半夜进城的解放军宁愿露宿街头也绝不扰民；还从福州电灯公司经理兼工程师林镕处了解到，福州市市长许亚进城后，也曾在马路边露宿了两晚。中华人民共和国成立初期，众多的党政干部发扬共产党的优良传统，以身作则，与福州人民同甘共苦、艰苦奋斗，这一切不仅迅速赢得了福州人民的拥护和支持，而且使倪松茂对共产党人的崇敬之情油然而生。为此，倪松茂在担任福州市工商联筹委会副主任期间，致力于整顿工商联，革除旧行会恶习，并积极响应政府号召，开展宣传教育工作，带领广大工商业者走社会主义道路。

1950年10月，倪松茂被任命为福建省人民政府委员。从此，倪松茂把一颗心扑在社会主义建设事业上，他说："还有什么能比当家作主更令人心情振奋呢？我数十年的奋斗目标就是想发展民族工业。现在共产党来了，下决心要建设新福州，我们这些想建设家乡的人，算是有了奔头了。"

积极参与社会主义建设的工商业者

经历了过去民族工业被外国工业封锁、打压的残酷，倪松茂更深切地明白"只有社会主义才能救中国，只有在党的领导下才能振兴民族工业"。

1951年，倪松茂将福州松茂化工厂捐献给政府。从1956年起，工厂生产出口香皂、透明皂、洗衣皂，外销产品销往东南亚等十多个国家和地区，还在国内26个省市建立了112个销售网点，源源不断地向人民群众提供优质的日常生活必需品。倪松茂将福州松茂化工厂捐献后，彻底解决了自己一直担忧的员工生活问题，又将所得资金的大部分捐赠地方建设。

1951年4月初至5月底，倪松茂以福建省抗美援朝分会副秘书长、福建省代表工作组组长的身份参加了第一届中国人民赴朝慰问团。当时，倪松茂把自己多年来省吃俭用积攒起来的1100多元（旧币）无私地捐献出来。回国后，他热情宣传中国人民志愿军的英雄事迹，在各界群众中产生了积极影响。1951年6月12日，倪松茂当选福州市工商界抗美援朝爱国捐献运动委员会秘书长（后被增推为副主任委员），至1951年12月15日，福州工商界仅用不到半年时间就捐献8架飞机，计入库人民币120多亿元。

1955年，倪松茂被任命为省工业厅副厅长。1958年，他转任省化工厅副厅长。1964年，他担任了省轻工业厅副厅长。在这十几年的从政生涯中，他服从组织安排，兢兢业业，尽职尽责，为发展福建省工业作出了积极贡献，在民主人士中享有很高的声望。

为经济发展出谋划策的政协委员

1979年，倪松茂到省政协工作，先后担任过省政协第四届委员、常务委员、副秘书长，第四、五、六、七届省政协副主席，第五、六、七届全国政协委员。倪松茂十分关心人民政协和统一战线工作，经常组织政协委员视察、调研，提出许多建设性意见和建议，为发展全省的经济、科技事业贡献了智慧和力量。

1993年，倪松茂加入中国共产党。1995年8月4日，倪松茂病逝于福州，享年86岁。

倪松茂从发展民族工业，到参加社会主义建设，践行了"为建设新福建而不懈奋斗"的人生目标。（刘磊）

参考文献

1. 徐世保、林开榕、林祥彩：《倪松茂与福州松茂肥皂厂》，福州市台江区政协文史资料委员会编：《台江工贸纵横（台江文史资料第十七辑）》，2001年。

2. 倪松茂：《团结起来为建设新福州而奋斗——记我在解放初遇到的几件事》，中国人民政治协商会议福建省福州市委员会文史资料工作委员会编：《福州文史资料选辑（第九辑）》，1989年。

3. 郑岚：《同舟共济——倪松茂同志传记》，《工商史苑——中国工商人物传略〔97专辑（4）〕》，1997年。

4. 福建省汽车运输总公司编史组编：《福建公路运输史》，人民交通出版社，1987年。

5. 倪松茂、潘芳：《抗战时期的建瓯炼油厂》，中国人民政治协商会议福建省建瓯县委员会文史资料研究委员会编：《建瓯文史资料（第9辑）》，1986年。

闽商印记——近现代闽商先贤

林梦飞：从军从政从商的传奇人生

林梦飞（1909—1994），曾用名林子晖，毕业于黄埔军校，从担任政府之职到担任企业负责人，从参与商业活动到发明新工艺，演绎着从军从政从商的传奇人生。

林梦飞
（厦门市委统战部／供图）

投笔从戎，多彩军政生涯

1909年，林梦飞出生于台湾。5岁那年，其父因不愿再忍受日本殖民者的统治，携家眷回到厦门。三个哥哥因为家庭经济困难而停学，林梦飞相对幸运，即使家庭困难，林父还是坚持让他在延陵小学读了两年半的书。

1925年发生的五卅惨案，激起全国人民的反帝怒潮，青年学生掀起从军热潮。林梦飞也离开学校参加厦门学生军的训练。其时，广州黄埔军校面向全国招生，林梦飞报名应考，录取后编入

学生队。1927年3月，他在黄埔军校4期政治科毕业，派到第11军第24师叶挺部第72团任侦察连中尉指导员。林梦飞在参加反击湖北军阀夏斗寅进攻武昌的战役中负伤，被送进医院治疗。7月，第24师开往江西，在虎岗宣布起义。林梦飞伤未痊愈，失去和部队的联系。他出院后，辗转回到厦门，与同安的中共地下组织取得联系，被派到马巷洪厝村组织农民协会，开展农民运动。不久，因同安中共地下组织机关被包围，同志被捕，他搭轮船离开同安赴汕头暂避。

1929年5月至1932年9月，林梦飞化名考进南京军官团步兵科，肄业后被派到福建张贞部任上尉营副，后升任少校营长。第19路军入闽后，张贞被免职，林梦飞也离开部队转赴上海市，任保安处上尉中队长。其后，到江西庐山军事教官训练班受训半年，1935年底回到福建。

1936年5月至1942年12月，林梦飞在福建省军政界的职务频繁变动。1945年2月到1946年9月，林梦飞一度卸下戎装从商，任泉州车船运输行经理。

1946年10月至1949年5月，林梦飞先后任南京国民政府"国大"代表、福建省保安司令部组训处少将处长、福建省第四行政区专员兼少将保安司令、厦门警备司令部少将参谋长，并在泉州创办《群力报》，兼任厦门《时代晚报》董事长。

巧借职务，为革命做实事

林梦飞曾告诉媒体："从1948年8月到厦门解放前夕的一年多时间，是我生命中关键的斗争史，紧张的生活给我留下特别深刻的印象，记忆也格外清晰，永远不会忘记。"

1948年，林梦飞在厦门参加三民主义同志联合会，接受中共华南局领导，并策动国民革命军第325师副师长陈言廉起义，营救过中共党员和进步人士数十人。据《中共泉州地方史》记载，地下党王朝阳、林金妙等被捕后，关押在泉州监狱，可能会被当局杀害。工商业者杜池榕与时任晋江专署专员林梦飞关系甚密，为了营救被捕同志，地下党请杜池榕接洽林梦飞。林梦飞虽然权限不足，鉴于被捕同志没有暴露真实身份，他便以土匪的罪名定罪，以轻罪判刑。

厦门解放前两个月，林梦飞辗转进入闽中游击队泉州团队所在地南安岭兜，后奉命随中国人民解放军第十兵团入厦。厦门解放后，港口一度受敌封锁，海运断绝。林梦飞与国民党起义人士张圣才等共同组织裕康船务行，并出任经理，利用在香港的关系，租用外籍客轮，开展港厦间的货物运输，完成了"反封锁"任务，缓解了军用物资和民生用品的匮乏。1949年11月15日，第一艘满载物资的货轮从香港抵达厦门港口时，军管会的领导握着林梦飞的手说："这艘船进港意义重大。"此后，多家船行复制裕康船务行的经验，收获颇丰。后期，林梦飞把业务转交给职工，裕康船务行也更名为宏达行。

实业报国，发明照相纸新工艺

国家进入经济建设时期，林梦飞闲不住的心又躁动起来。他偶然从经营照相行业的朋友处得知，国内的感光材料工业仍是空白，全部依赖进口。林梦飞萌发了"制造厦门相纸"的念头，此时他已40多岁，对感光化学一无所知。这条实业报国的路，前程的艰辛可想而知。但急于再次"突破封锁"的林梦飞还是毅然投入感光化学研究中。

他从中学化学课本学起，一边请教相关行业的朋友，一边在家中做实验。当时用道林纸做纸基，洁白度不够，背面要涂贝层，解决了洁白度，相纸却会起泡；乳剂层加用坚膜剂解决脱膜，坚膜剂用量少，药层易脱落，用多了，纸基会卷曲；为提高相纸的感光度，需加入增感剂，又出现大灰雾……知情的厦门市领导不断鼓励他，林梦飞也因此坚持了下来。经历近千次的实验，林梦飞终于在暗室里摸索出第一张照相纸，并首创生产照相纸不用水洗的新工艺。这一工艺被当时的轻工部推广到全国感光化学行业。

缺少资金，跟朋友借钱；缺少人力，妻子当助手；没有厂房，厨房围起来就是暗室。这就是1951年林梦飞创办的飞达照相工业社。虽然一开始相纸的质量跟进口有差距，但因市场上相纸供不应求，依然有市场。为了提高技术，林梦飞决定前往上海取经，却又被朋友留在上海当技术员。一年后，厦门市领导催林梦飞回来打造"厦门照相纸"，并支持他进口必需材料，改进生产。林梦飞回厦门不久后，飞达产品质量得到大幅提升，且日益畅销。

1956年，林梦飞响应公私合营，飞达照相工业社改名为厦门感光化学厂，由市政府投资建厂，林梦飞任厂长，主抓技术。1959年，厦门感光化学厂改为国营企业，从手工生产逐步发展为机械化、自动化生产，产品质量稳步提升。林梦飞和同事在原有水洗乳剂配方的基础上降低含银量，大幅度降低了成本，"飞天女"牌照相纸受到了市场的热捧。高峰时期，感光厂拥有3.2万平方米的厂房，职工1300多人，年产值3000多万元，产品获得国家优质奖，畅销全国各地和部分海外市场。

参政议政，助力国家经济建设

党的十一届三中全会后，60多岁的林梦飞再次出山，积极参政议政，关心"四化"建设和祖国统一大业。他利用广泛的海外关系，热情宣传厦门经济特区建设成就，为引进外资和先进的技术设备、争取港澳同胞和爱国侨胞回祖国投资设厂及参与公益事业，做了大量工作。

林梦飞：从军从政从商的传奇人生

1981年林梦飞受聘厦门经济特区顾问、外经办顾问组组长和经济特区建设发展公司副董事长，直接参与引进侨资、外资工作。当时，林梦飞介绍引进了香港宝顿集团投资三千万港元建造的华侨新村。此后，又介绍引进柯达公司先进技术和设备，为厦门柯达感光材料公司生产彩色胶卷及照相纸提供了基础条件，提高了该公司的技术水平。他鼓励海外亲友回乡发展经济，参与家乡公益事业。林梦飞的好友、爱国侨胞吕达民和吕振万兄弟在其影响下，将价值1000多万港元的纺织设备赠予福建省政协，设备安排在上杭县，建立建南纺织厂，解决了数千名员工就业。据不完全统计，他直接与间接引进的外资高达两亿人民币。

1985年10月，林梦飞被民革中央评为"四化"服务先进个人代表，出席了全国各民主党派为"四化"服务先进个人代表表彰大会。

子承父业，林家三代持续作贡献

林梦飞为厦门的经济建设留下了浓重的一笔，他的后代继承林梦飞的事业，持续为厦门作贡献。

林梦飞的七个儿女大部分走上了从商之路。二女林华星早年即前往香港打拼，后来开了家制衣厂。儿子林华国于20世纪80年代初回厦门投资兴业，并于1995年发起成立"林梦飞教育基金会"。近年来，投入使用的厦门双十中学镇海校区梦飞图书馆、

梦飞图书馆（吴翠珊／摄）

枋湖校区梦飞音乐厅均由林梦飞教育基金会捐资修建。林华国的长子林峯毕业于厦门大学，长年奋斗于香港娱乐圈，2019年受邀参加厦大百年校庆并上台献唱，现场观众反响热烈。

　　林华国说，父亲没有过多干涉子女的选择，只给子女提出了三条人生忠告：其一，诚信待人，是一个人的立足之本；其二，

要想得到别人的尊重,首先要学会尊重、关爱别人;其三,各自去开辟一片天地,不必拘于同个企业,但手足之情不可忘,困窘之时要互相扶携。

林家三代人在不同的领域中都大放异彩,某种意义上,他们的"梦想"都自由地"飞翔"了。(吴翠珊)

参考文献

1. 许国仁:《林梦飞先生传略》,中国人民政治协商会议厦门市委员会文史资料委员会编:《厦门文史资料选辑》第21辑,1994年。

2. 厦门档案局藏:《中共厦门市委统战部林梦飞同志主要情况1982年2月20日》。

3. 厦门档案局藏:《春蚕丝不尽,报国志弥坚》。

闽商印记——近现代闽商先贤

蔡竹禅：漳州现代交通运输业的红色先锋

他的人生与交通运输紧密相连，是漳州现代交通运输业的先行者；他善于观察市场动态，捕捉商机，成就实业兴邦抱负；他怀有红色信仰，为革命事业作出独特贡献；事业有成后，他回乡投资，报效祖国，回馈社会。他就是爱国爱乡的杰出实业家蔡竹禅（1898—1966）。

故居中的蔡竹禅像
（李姿莹／摄）

赤子之心，得遇赏识

蔡竹禅生于1898年，自幼随父读书识字，接受严格良好的家庭教育。

1916年，蔡竹禅从布店转到参茸行当学徒。吃苦耐劳、勤学机敏的他深得店主、时任汀漳龙道尹陈智君的赏识。陈智君经常

蔡竹禅：漳州现代交通运输业的红色先锋

带他出入各种场合，这让蔡竹禅开阔了视野，习得经商与从政的本领。1919年，陈智君到福州任省财政厅厅长，便介绍蔡竹禅到福州当税务征收员。本来闽江货船往来江上，税款难以征收，蔡竹禅上任后，整饬制度，设立关卡，征收的税款得以增加。

1921年，陈智君离职，蔡竹禅也随之返漳。在漳州，蔡竹禅与归侨集资创办钱庄，金融业务逐步兴旺。但他并未止步于此，而是将目光投向了更广阔的市场。1929年，国民党将领张贞开办龙诏汽车公司，蔡竹禅入股该公司，受聘担任公司经理。从此，他的人生和交通运输紧紧结合在一起。动荡时局为经营公司带来极大的困难，加之公司内部互相倾轧，蔡竹禅无法实现其抱负，愤然辞职。虽然这一次的试水并不成功，但他以实业家的远见，始终认定汽车交通部门是当时很有发展前途的行业，也始终关注着行业动向。

1934年，漳龙汽车公司濒临破产，被官方收购整顿，其后向社会集股添资。蔡竹禅再次入股，并受聘为经理。经营一年多，漳龙汽车公司业务日渐兴隆。

筚路蓝缕，实业报国

1937年4月，蔡竹禅倡导并联合全省17家汽车公司，在厦门成立全省汽车同业公会联合会。该会突破美孚、亚细亚、德士古等3家公司的汽油供应垄断，同时抵制福建省主席陈仪加征汽油税政策，保障了全省汽车运输经营者的利益。

全面抗战爆发后，地处沿海的福建交通基础设施受到重创，导致公路运输困难重重，许多股东纷纷退股漳龙汽车公司。此时的蔡竹禅再次展现了企业家的气魄，他冒着破产的风险，低价收购其他人的股票，成为公司的董事长。

1939年，国民党政府强征各汽车公司汽车以供军用。同年，省政府又强令汽车公司内迁龙岩。漳龙汽车公司原有64辆汽车，迁入龙岩后只剩10辆，财力枯竭。蔡竹禅在困境中发动工人投资入股，并划给工人股份，年终分红；又实行定额包干、浮动工资，让工人关心企业得失盈亏，激发大家工作积极性。他还用松节油、樟脑油炼出代用燃料，有效破解日军禁运汽油的困境，公司逐渐做强做大。

20世纪20年代中期，有一种名为"汉口炉"的汽车动力装置，由于其管道易堵塞且耗炭量大，并未得到广泛应用。在蔡竹禅的领导下，公司员工借鉴汉口炉的工作原理，开发出了一种专门为汽车设计的木炭炉，使汽车能够行驶平稳。他们还利用破旧轮胎，通过烧补或加装螺丝固定的方式，有效延长了轮胎的使用寿命。这种轮胎在当时被称为"螺丝复轮胎"，很快在行业内流行开来。

此外，针对汽车常在中途抛锚的情况，蔡竹禅想出补救办法：一是结队行驶便于互相支援；二是除常设的修路道班外，另组修路机动队伍，携带必要工具随车出发，随时排除险阻，保障安全。在艰难的抗战岁月里，漳龙公司凭着木炭炉和千修百补的

蔡竹禅：漳州现代交通运输业的红色先锋

螺丝复轮胎，奔驰在崇山峻岭间，完成了艰巨的战时运输任务。

1941年，蔡竹禅为了争取比较固定的运输任务，到南平找省盐务局，承揽运输闽西、江西、湖南的食盐运输任务。据他回忆，六年间承运食盐100多万担，供应闽西、江西等地。1944年，漳龙公司负责龙岩到瑞金的客运任务。为了维持战时交通，又不亏本，公司改装客车，在客车座椅下设箱装盐，一车两用，降低成本，增加收入，因此还受到过嘉奖。

1945年8月，日本无条件投降。省当局下令各民营汽车公司自行维修所行路线，指定以30年为自主专营时间，期满收归国有。蔡竹禅随即行动，赴省政府订约，迅速动工修建漳州辖区公路，分两头同时开工，一头由龙岩至南靖水潮，一头由漳州至南靖水潮。半年时间建桥梁64座，拓涵洞300多处，建设公路里程145公里。这样令人瞩目的交通业绩，在当时的福建省内尚属首例。

慷慨解囊，支持革命

蔡竹禅的四弟蔡大燮是中共地下党员，蔡竹禅受四弟影响，始终赞同和支持红色革命。

第二次国共合作前夕，周恩来指示潘汉年，密令蔡大燮等火速前往日本营救并护送郭沫若回国。中共地下组织此行的费用开支，均由蔡竹禅一人提供，充分体现蔡竹禅与中国共产党之间的信任。

蔡竹禅也经常掩护、帮助被国民党军警追捕的中共党员脱险，曾受托密送6位中共地下党员到江西苏区。1932年4月，中央红军攻克漳州，5月红军撤回苏区。同年9月，当局推举蔡竹禅代理龙溪县长一职。当时国民党政府实行白色恐怖，抓了许多人。蔡竹禅主张"冤家宜解不宜结"，凡有店铺担保的人一律释放，借机保释了一批中共地下党员。

1932年12月，漳州芗潮剧社20多位同志，受中共中央安排秘密出省抗日，蔡竹禅捐助1000两白银，帮助该剧社的共产党人奔赴抗日前线。

抗战胜利后，蔡大燮从海外回龙岩与党组织联络，被龙岩保安团捕获。蔡竹禅冒险奔走福州，与省政府主席刘建绪疏通，救出蔡大燮。

抗美援朝战争爆发后，蔡竹禅积极发动工商界捐献飞机、大炮，全区捐献飞机一架，大炮枪械无数。其中半架飞机及大炮等费用由蔡竹禅认捐。他还不畏严寒，到朝鲜战场慰问志愿军指战员。

回馈社会，大爱无疆

在蔡竹禅故居的护厝天井里，有一通石碑，碑文内容为：

七月七日日寇犯我卢沟桥，八月十三日又侵上海。经我

蔡竹禅：漳州现代交通运输业的红色先锋

军痛击屡败，恼羞成愤，竭其海军之力封锁华南，卅一日以飞机轰炸漳州。因辟斯室以避无谓牺牲，借留绵力抵抗。愿子孙其毋忘雪此仇，以争取我民族之平等自由。廿六年双十日落成，计糜国币千三百缗，蔡竹禅识，弟大燮书。

石碑记录了日本飞机轰炸漳州的确切时间，成为佐证抗日战争阶段的重要史料，同时也得以窥见蔡竹禅组织修建防空洞的事迹，见其不忘国耻、救亡图存的拳拳爱国之情。

蔡竹禅的父亲蔡潮初是清末拔贡，后来弃儒从医。其医术高明且医德高尚，济贫义诊，贴资赠药；又热心办教育，曾创办岱东学堂（今芗城区岳口小学前身）。蔡潮初曾立下家训"凡事凭良心做去"，这既是他对子孙后代的谆谆教诲，也是他一生为人处世的写照。

从小跟随父亲生活的蔡竹禅耳濡目染，曾联合曾友梅、许松山等人在1930年出资创办漳州省立第八中学，在芝山南麓修建午之楼、裕康楼（今漳州一中的新华楼、五爱楼），倡导教育。在抗日战争结束后，厦门大学从长汀返厦，漳龙汽车公司还专派500多辆卡车协助其搬运仪器图书。

1949年初，蔡竹禅主动把以往向农民购买的农田、房屋等财产尽数归还原主，广受家乡百姓赞誉。后来，蔡竹禅还将蔡家主营的漳州、龙岩两个汽车公司及近百辆汽车，廉价出让给国家经营，成为工商业社会主义改造的典范。

鞠躬尽瘁，浩气长存

蔡竹禅前往朝鲜慰问中国人民志愿军指战员，回国以后，因遭遇北方寒冻，不得不截去右腿。但他仍坚持由人力三轮车载着上下班。

经历过国难深重的年代，蔡竹禅并没有贪图享乐，他的一生爱国爱家乡，大部分财富都奉献给国家和社会。

蔡竹禅先后担任漳州市工商联主委、福建省工商联执委会副主任委员、全国工商联执委会委员、漳州市政协副主席、漳州市副市长、龙溪行政专署副专员等职。1966年2月，蔡竹禅因病辞世。

蔡竹禅临终前留下这样的遗嘱："力量从团结而来，你们务当恪遵吾训，和睦团结，一家人本相亲相爱的精神，互相鼓励，互相帮助，互相规劝，互相支持，互相照顾，共同把我仁爱之家，祖德宗功之门，发扬光大。余生苦楚备尝，艰险历尽，生后仅遗'实园'住屋一座，给你们安居乐业基础，你们当确遵吾意共将该屋永久保存，留吾永久纪念……"

现今，蔡竹禅故居因完好地留存了清末民初时期的建筑风格，于2013年被列为省级文物保护单位。漫步在市区的竹禅街，又仿佛能感受到蔡竹禅的精神风范依旧在这条街巷中流淌。（李姿莹、张媛）

参考文献

1. 徐文蕾：《厦门大学图书馆危机应对的历史启示与实践——以内迁长汀为例》，《大学图书馆学报》2021年第2期。

2. 的然：《竹禅街和官园大厝》，《漳州古城往事》，中国华侨出版社，2022年。

3. 黄剑岚主编：《漳州历史人物（第一卷·龙海卷）》，东方出版社，1991年。

4. 《谷文昌，林资铿，陈华，赵以成，蔡竹禅：人物传（初稿）》，《漳州方志通讯》第六、七期合刊，1986年。

倪郑重：从茶师到茶商到茶学家

福建人爱茶，众人皆知，泉州人好武夷清源茶饼，却是老泉州人才有的习俗。武夷清源茶饼出自民国著名商号鸿记茶庄。1930年，鸿记茶庄（也称"倪鸿记"）创办于泉州，后又在漳州、厦门乃至东南亚等多地设立代销点。武夷清源茶饼作为泉州家喻户晓的老字号，于2007年被评为第一批"福建省老字号"，其制作技艺也于2017年被评为福建省非物质文化遗产代表性项目。武夷清源茶饼之所以能发扬光大、行销至今，除了茶饼本身的甘醇外，更与茶庄第二任当家倪郑重（1915—1991）的苦心经营分不开。

倪郑重（倪骐／供图）

茶师之路，求学福建茶界名校

根据倪郑重儿子倪骐的说法，武夷清源茶饼秘方由武夷山清

倪郑重：从茶师到茶商到茶学家

源寺僧人面传口授，1823年始有手抄本传出。倪郑重的父亲倪志元拜当时的清源寺住持郑青松为师，得到悉心培养。后来，住持把寺内清源茶饼制作秘诀传授给了倪志元。郑青松在清源寺内建有茶饼生产作坊。倪志元还俗与郑青松的外甥女庄密娟结婚，婚后回寺继续生产茶饼，以贴补家用。

1926年，倪志元夫妻俩将制茶工场从武夷深山里的清源洞搬移到赤石街，取名清源茶厂。赤石街位于古驿道的枢纽，是崇安最繁盛的茶叶集散地，咸丰同治年间在此设点收购武夷茶的茶庄达60多家。得益于赤石便利的地理条件，清源茶厂年产茶饼4000余斤，并通过建溪水运供应闽北、福州、闽南等市场。四年后，倪志元夫妻租下泉州中山中路53号商铺，开设鸿记茶庄（后买下69号作为店面），主营武夷清源茶饼，也兼卖武夷岩茶。1932年倪志元病逝后，年轻的倪郑重接任茶庄经理。他将茶厂搬到了交通更加便利的建瓯，茶饼产量逐年提升。1937年，倪郑重到厦门集美农林学校读书，同年被选送到福建省立福安农业职业学校（后由省立高级农业职业学校接收）茶叶科学习。这所当时福建茶界的名校，让倪郑重真正踏入茶学专业的大门。

在校期间，倪郑重系统学习了茶叶史、茶业地理、茶树栽培、茶叶制造、茶业经营、茶树病虫害、茶叶检验、制造机械学等课程，为其后的茶史研究、碎茶配制和茶机研发工作奠定了坚实的基础。他与后来成为"台茶之父"吴振铎、茶学专家林馥泉等人是同学，毕业后他们还共事于福建示范茶厂，主要从事茶树种植和茶叶生产的研究和技术改良。倪郑重也是我国少有的既经过茶学专业系统培训，又自主经营茶庄的茶人。

茶商之路，经营鸿记茶庄

1942年，倪郑重奉母命回到泉州，先是在私立佩实小学担任校长，一年后离职，重新掌管鸿记茶庄。此时，泉州城内还有泉苑、泉岩、玉苑等茶庄；惠安有集泉茶庄；安溪有芳茂茶庄；厦门有文圃、金泰、宝国等茶庄；漳州有奇苑、瑞苑等茶庄，一时形成百花竞放之态势。与泉苑水仙种、集泉铁罗汉、同慈万应茶相比，鸿记茶庄主打"武夷清源茶饼"招牌。武夷清源茶饼配方借鉴了宋代北苑龙团凤饼的蒸青制法，将配料中的香料改为中草药，然后将茶叶和中草药分别碾碎，搅匀印成饼状后，烘焙至足够的干燥度，贮存二三年后再投放市场售卖。茶叶的选料也极其认真，非武夷所产不用。在当时简陋的医疗条件下，茶饼受到海内外闽南人的追捧，有的人习惯在家里囤几片茶饼以备不时之需，而且囤藏的年代越久，茶香和药效越好，因此又成为福建著名的侨销茶。

与泉苑和集泉在武夷山拥有自己的茶山茶厂一样，鸿记茶庄以武夷山清源洞所在的清源岩为茶山，坚持以武夷的副茶（茶末和轻片），间或拼和半岩小种（乌龙茶类）为配料，故茶饼始终保持高水准品质。

倪郑重：从茶师到茶商到茶学家

多年的茶叶研究和改良实践，使倪郑重对这一行业保持着敏锐的嗅觉。他注意到了闽北新宠水仙茶。水仙和肉桂是武夷传统四大名丛（大红袍、铁罗汉、白鸡冠、水金龟）之外发展出的另外两大品系。特别是建瓯南雅"南路水仙"，经过新法拼配，在保持浓郁茶味的同时，具有一种独特的天然花香，在市场上大受欢迎。1945年，倪郑重正式将茶饼的茶料改为水吉水仙，同时精研中药配方，改进制作工艺，使茶饼的香味愈加独特，而且还降低了成本，生产和销路因此大增。倪郑重在《福建侨销茶史话》一文里回忆："这是由于改用水吉水仙末后，成本降低，有利于扩大生产，增加库存量，便于打通各种销售渠道。"

与此同时，为了杜绝假冒伪劣，倪郑重更换茶饼包装和标志，使之更加适合作为馈赠礼品之用，一时远销省内外，堪称名牌。从民间收藏的民国时期武夷清源茶饼上可以看到，其外包装上印制方正楷书："清源松记秘传，神方精选上顶，药料和本岩名茶制成，气味清香，有益无害也。"醒目的书法传递了个性化的商品信息；独特的包装图案，使茶饼更具艺术感和吸引力。

这一时期，鸿记茶庄兼顾内外销。在漳州、厦门及晋江部分城镇设立代销点，在东南亚各地开拓新的销售点，业务蒸蒸日上。鸿记茶庄一时成为泉州商界明星和茶叶龙头商号之一。

当时的报纸也记载了茶叶"明星店"鸿记茶庄的辉煌。鲤城区档案馆收藏的1946年和1947年《福建日报》上均刊登有倪鸿记茶庄的广告，标明主营品种清源万应茶饼、武夷天心岩单丛奇种、武夷天心岩三印水仙、天柱牌单丛奇种、流香牌特别水仙等岩茶。

1956年初，倪郑重把鸿记茶庄连同武夷清源茶饼秘方捐献给国家，泉苑、玉苑、鳌旋等商号随后也接受社会主义改造。茶叶行业各店合营为泉州市糖业糕点公司茶叶总店，倪郑重出任副经理。倪郑重还动员母亲庄密娟一起向茶叶加工厂的职工传授工艺，使武夷清源茶饼得以继续按照传统方法生产。

泉州市首届人代会许市长与新门街各界合影（后排右一为倪郑重）
（倪骐/供图）

倪郑重：从茶师到茶商到茶学家

茶学家之路，科研与著述

倪郑重积极从事武夷岩茶改良和研究工作。早在1939年，他就在福建省建设厅茶业管理局出版的期刊《茶讯》上发表《武夷岩茶的制法》和《武夷岩茶制茶器具图解》两篇调研文章。在《武夷岩茶的制法》里，倪郑重指出，由于当时武夷岩茶制法多以传统的口传心授为主，系统研究和书面传播刚刚起步，一般消费者对武夷岩茶的栽培和采制多有离奇的传说，或者凭空臆想，或者是经营者故弄玄虚，借此提高价格。有鉴于此，他实地见习岩茶的制造过程，掌握武夷岩茶生产实践的第一手资料，撰文对武夷岩茶制法展开了全面介绍。

出于对福建乌龙茶历史和现状的深刻了解，倪郑重在乌龙茶研究和福建茶业研究方面笔耕不辍，撰写不少见解独到的考证文章。如在《倪郑重茶业论集》中，关于乌龙茶的研究费墨最多。他较早整理了《续茶经》《武夷茶歌》《武夷山志》等历史文献，论证了乌龙茶工艺的创制时间和发源地，认为乌龙茶的始祖是武夷岩茶，其起源时间

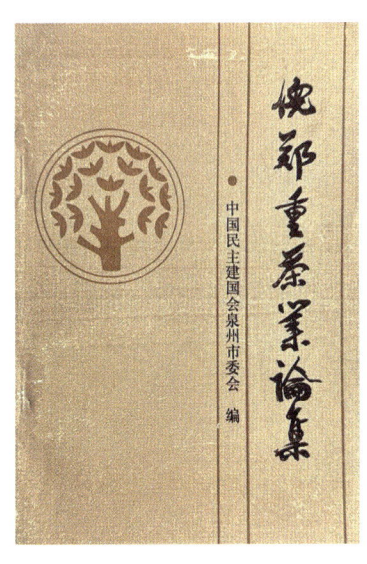

《倪郑重茶业论集》封面

早于红茶。这一说法目前也得到大部分业界人士的认同。

1950年代，倪郑重在清源农场工作期间，指导青年职工种茶，传授茶叶的修剪、采摘、制作工艺等技术，同时进行制茶工艺革新和机具改进。1964年，倪郑重参与设计白煤焙茶机具成功，在泉州、安溪等地推广。1977年，倪郑重和云霄县华侨、和平二农场茶厂协作，成功试制乌龙碎茶；随后，他将红碎茶按一定比例掺入乌龙碎茶，成功试制花香红碎茶。1980年，为提高清源农场效益，他又建议创办清源茶饼厂，依照传统配方生产清源茶饼，所用茶叶改自清源农场所产，两年内为农场创税利数十万元；后又创制小茶砖，与新疆建立贸易往来，开辟新的销路。

追溯倪郑重的一生，从民国时期学习制茶、专业学习茶科、经营茶庄，到中华人民共和国成立后垦殖茶园、研制茶机、撰著茶文，一辈子扎根茶叶事业，倾注毕生精力，对福建乌龙茶的发展和振兴作出了重要的贡献，演绎着从茶师到茶商到茶学家的传奇人生。（李双幼）

参考文献

1.《福建茶志》，福建科学技术出版社，2023年。

2. 泉州市农业农村局：《泉州茶志》，厦门大学出版社，2019年。

3. 中共鲤城区委党史研究室、鲤城区档案局：《中共鲤城党史人物》，2007年。

4. 赖江坤：《谋求复兴：近代福建茶业改良实践研究（1901—1949）》，福建师范大学2022年博士学位论文。

5. 程曦、叶国盛、程耀华：《民国时期武夷岩茶制作技艺文献解题》，《安徽农业科学》2016年第35期。

6. 林更生：《福建茶学教育的历史及其发展》，《福建茶叶》2006年第1期。

7. 焦海晏：《乌龙茶初制机械性能试验现场会在安溪召开》，《茶叶科学简报》1982年第3期。

8. 倪郑重：《福建侨销茶史话》，中国民主建国会福建省委会、福建省工商业联合会编：《福建工商史料》（第一辑），1986年。

9. 周植彬：《泉州茶业经营简介》，中国民主建国会泉州市委员会等编：《泉州工商史料》（第一辑），1983年。

10. 倪郑重：《泉州清源茶》，《福建茶叶》1981年第1期。

吕振万：情系教育的大雅儒商

在泉州，很多人的青春记忆里，有一座"吕振万楼"。而在南安，只要有学校，无论是城镇，还是乡村，校园里最漂亮的建筑物，往往都是吕振万楼。这些大楼正是由南安籍著名闽商吕振万（1924—2015）先生捐建的。吕振万曾说过："生长在祖国，时刻记住自己是一个中国人。我有个愿望，一旦事业有成，定要效仿南通状元公（张謇），一在家乡捐资办教育，二在祖国投资办厂，以尽绵薄之力……我还会朝这条路走下去，捐资办学、投

吕振万故居
（韩沁雯/供图）

吕振万：情系教育的大雅儒商

资办厂，为国家的现代化建设贡献一份力量。"他是这样说的，也是这样做的。

吕振万一生兴实业、惠公益，乘桴海外经商，事业有成后，大义反哺故里，践行自己年少时立下的"实业救国""重教兴学"理想。在八闽大地上，吕振万是闽商中的佼佼者，也是回报桑梓的榜样人物。

搏击商海，打造商贸传奇

1924年，吕振万出生在泉州南安水头镇朴里村一户殷厚的商贾之家。父亲给他取名"振万"，寓意振万贯家财之意。吕振万在家排行老四，上面有三个哥哥。

吕振万从小就喜好读书，因为他课内外的书读得多，同学们称他为"两脚书柜"。1942年，他以优异的成绩考进福建学院，翌年转学至当时迁至重庆的北京朝阳学院，就读经济系。1944年，重庆开展"十万青年十万军"运动，吕振万毅然投笔从戎。1945年8月抗战胜利，他离开部队回校复学，潜心研读大量的经济学、政治学、伦理学等书籍，刻苦钻研现代市场经济理论知识。在民族苦难的洗礼下，他心中暗暗立下"实业救国""教育救国"的坚定理想和志向。

大学毕业后，吕振万回到家乡，在南星中学担任代校长，主张"扶贫先扶智，兴企当兴学，育才不分地域"。当时，吕振万的大哥吕达民赴台湾后辗转到日本经商,二哥吕超民旅居香港。1951年,他也前往香港发展。吕振万在香港开设贸易公司,他抓住战后物资匮乏的机遇,将印度尼西亚便宜的红豆、黑豆运往日本,又将日本工业产品如纺织机械、五金及自行车等产品运往印度尼西亚,大获其利。事业初步取得成功的吕振万还通过多种途径与内地进行贸易往来,为缓解国内物资匮乏贡献自己的力量。

吕氏家族随后又将业务向货仓、轻工业、房地产、金融等行业拓展。1960年,为配合贸易业务需要,吕氏家族采用一条龙经营方式,设立安全货仓贮存货物。1965年,新加坡刚脱离马来西亚独立,急谋经济发展,亟须引进外资,吕氏家族便前往新加坡开设南大纺织公司,开展跨国事业。1967年,吕振万的事业发展到日本,在神户创办华东联合有限公司。1986年,他又进军香港房地产业,仅一年时间便在湾仔购入近2亿元的物业,并在九龙观塘建造了一座全海景21层的现代化写字楼——振万广场。

吕振万驰骋于国际商贸,事业取得了巨大的成功,一度成为香港五十大富豪之一。

实业兴国,回乡投资造福乡亲

童年时,吕振万常常跟着母亲一起到乡下外婆家过节。在那个偏僻的小山村,家家难以糊口,处处凋零破落,人人蓬头垢面,这样的景象在他幼小的心灵中留下难以磨灭的烙印。吕振

吕振万：情系教育的大雅儒商

万曾说："那个时候我许过愿，长大后一定要赚很多的钱，帮助乡里人摆脱贫穷和落后。"吕振万说到做到。1980年，吕振万将他创办的南益织造厂和泉州籍港商林树哲、徐伟福、杨连嘉三人合办的建兴织造厂合并，改组成南益织造公司，开启了香港南益集团在内地的奋斗历程。南益集团也成了改革开放后首批进入祖国内地的港资企业之一。南益集团在吕振万的家乡南安水头镇起步，最初是以官桥锅厂一栋800平方米的简陋车间做厂房，办起了南丰针织厂，作为南安第一家外资加工企业，搞"三来一补"，承接南益的来料加工业务。办厂初期，环境和条件都十分困难，无论是硬件设备、管理制度还是员工素质，都亟待规范和提高。即便在这样的条件下，吕振万仍踌躇满志。工厂的传真机一头连着南丰针织厂，一头通向香港九龙观塘振万广场的总部，那里不断传来吕振万的声音：从员工规范抓起，先养成良好的工作习惯；培训员工，提高员工的技术水平；美化工厂环境，让员工在一个美丽的环境中工作；培养责任感，关心员工文化活动，让员工在工厂找到家的感觉……一个个指令，源源不断地传到南丰针织厂，再结合当地情况落实下去。吕振万还经常打电话鼓励员工："要让全世界最好的毛衣出自你们的手。"这是一个成功企业家对企业员工的严格要求，更是一个海外赤子对家乡的一片挚爱之心。功夫不负有心人，经过几年的拼搏和奋斗，南丰针织厂生产的毛衣合格率达到国际标准，畅销世界十几个国家和地区。此后，吕振万在福建省扩大投资，先后开设了十多家"南"

字号的现代化针织、漂染工厂。

1991年，吕振万在原是一片荒坡野岭的地方投资，开发建设了1800亩的蟠龙开发区。为推动蟠龙尽快成为一座现代化、具有侨乡特色的外向型工业新城镇，他亲手参与制订开发区总体规划及实施办法，写下《蟠龙的措施和配套必须充足完善》《加速完成蟠龙软件配套》《加强组织、加强人手、进一步完善总体规划》等12篇备忘录。吕振万还从儒家典籍中，提炼出"敬业乐群""五德具备，可为大将""使于四方，不负重任""管理的要义是修己安人"等一系列原则，广泛运用于经营和管理过程中，被誉为"现代儒商"。

1992年，吕振万受邓小平南方谈话精神的鼓舞，回到大陆考察。出于对祖国和故乡的拳拳之情，吕振万不断在内地加大投资，以滚动方式兴办了40多家"南"字号现代化企业，形成了南益集团在大陆的系列企业，总投资20多亿港币，职工达2.7万多人。

倾心文教，捐资兴学济困

1946年吕振万曾在南安水头镇的南星中学担任代校长，他念念不忘这一所长于斯、教于斯的学校。在改革开放以后的十多年时间里，吕振万先后捐资3000万港币，为这所学校兴建教学楼、科学实验楼、综合楼、礼堂、师生宿舍楼等。1993年，他又撰写

吕振万：情系教育的大雅儒商

《办好南星中学意见》的"万言书"。他认为，应把培养学生的良好道德情操放在首位，而爱国情操的培育更应置于重中之重的位置。德者是为人之本，智、体相辅，这就是教育"百年树人"的实质意义。

南星中学只是吕振万捐建学校的一个缩影。从1990年开始，他连续在南安的东田、翔云、眉山、蓬华等贫困山区捐资400多万元兴建教学楼25栋，建筑面积近2万平方米。据不完全统计，他在全国各地147所各类学校捐建的教学楼有170多座，包括华侨大学侨生公寓、福建师范大学吕振万楼、集美大学吕振万楼、泉州幼儿师范学校吕振万艺术楼、培元中学综合大楼、厦门一中振

南安南星中学吕振万楼（韩沁雯／供图）

万教学楼等。除了捐助硬件设施外，吕振万还在中国人民大学、武汉大学、北京师范大学附属实验中学、厦门一中、漳州一中、泉州培元中学等诸多院校设立奖教金、奖学金。

吕振万非常重视祖国文化事业建设。他担忧一些专家学者极有价值的学术著作因资金拮据而无法出版传世，因此捐资创立了"厦大书籍出版基金"。1996年，吕振万对当时歌舞剧专业走向低谷，大部分剧团举步维艰的情况十分关注，慷慨解囊，为厦门小白鹭民间舞团提供五年经费共计150万元。吕振万还捐资扩建南安石井郑成功纪念馆，修葺泉州九日山风景区，助建泉州东湖公园的二公亭，为厦门中山医院竖立孙中山先生铜像等，为保护传承地方文化工作添砖加瓦。

此外，医疗事业也是吕振万捐助的重点。改革开放初期，福建医疗服务水平相对落后，有鉴于此，吕振万捐资上千万元，创办了南安海都医院。海都医院前身为小小的水头卫生所。在他的支持下，如今发展壮大的海都医院群楼林立，辐射就医群众30多万人，还有不少其他地方的人来此求医问药。

吕振万爱国爱乡，乐善好施，造福桑梓，为祖国、家乡的教育、医疗、基础设施等公益事业作出了积极贡献。其子吕荣义回忆父亲捐资兴学办医时说："很多人以为，爸爸赚了很多钱，捐献的只是少部分。其实他们所不知的是，他在家乡投资，利润大部分都再投资到事业上，分到的利润不是很多，剩下的分红大部分都捐出去，真正做到'取诸社会，用诸社会'。甚至在1997年

金融风暴、2003年非典的经济困难时期，公司财政亦不甚充裕，他依然将公益视作首要工作。希望他倡导的公益事业继续发扬光大！"吕振万的善行义举传遍八闽大地。2000年，他与陈宝琛、陈嘉庚、梁披云被并称为"八闽四大杰出教育家"。2004年，福建省人民政府授予他"福建省捐赠公益事业特别突出贡献奖"。（韩沁雯）

参考文献

1.《吕辛（振万）先生纪念文集》，厦门大学出版社，2016年。

2. 泉州华侨历史学会、泉州市闽南经济文化交流中心：《侨乡翘楚》，2015年。

3. 许文龙：《吕振万：170多座教学楼见证家国情怀》，https://m.thepaper.cn/baijiahao_7773294，澎湃新闻2020年6月10日。

4. 刘淑清，吴月芳，黄谨：《吕振万逝世网友集体怀旧学生纷发帖纪念"老学长"》，http:/www.mnw.cn/quanzhou/news/890957.html，闽南网2015年4月18日。

5. 陈小妮：《我们的青春都有栋振万楼　著名侨领吕振万先生辞世》，《泉州晚报》2015年4月18日。

闽商印记——近现代闽商先贤

江兆文：率先回乡投资助教的港商楷模

江兆文（油画）
（江林寿/绘）

江兆文（1924—2020），又名庆人，龙岩永定高头人。他是福建在港同胞的杰出代表，是改革开放后第一批回到内地投资的港商。他生活俭朴，却倾情回报家乡，秉持"功莫大于兴教，德莫高于育人"的理念，热衷支持家乡的教育等公益事业，先后捐赠近3000万元。2003年，福建省人民政府向江兆文颁发荣誉证书，表彰他"热忱支持福建教育事业并作出了重大贡献"。

从教书先生到创业者

江兆文在青少年时期，先后在福建平和、南靖以及广东大埔等地上学。1943年春，中学毕业后，他回到家乡南山小学任教，

永定高头（江宇贤/摄）

当起一名教书先生，从而与教育结下了不解之缘。

1946年，在香港办厂的亲戚写信叫家人去帮忙。江兆文便跟着姨母离开家乡，经广州来到香港。他先是在表兄开办的搪瓷厂当学徒，后来在《循环日报》兼做校对工作。永定解放后，应县长江岩的邀请，他回到了永定县政府帮忙，负责银行相关事务。

1952年春，香港的表兄来信催促江兆文回港，他再次辞别家人，南下香江，在表兄的搪瓷厂上班。1957年，他开始创业，经营饮食服务行业，1962年又经营房地产等，逐渐积累起一定的资金。

20世纪六七十年代，香港制衣业迅猛发展。1967年，江兆文在友人的帮助下，创办了香港南康织布厂，主要生产美式牛仔服装的布料。1972年，他办起了人生中第一家真正意义上的大型企业——香港康年浆染厂。1974年，江兆文又办起美德廉制衣厂，并在80年代及时更新生产线和机械设施，经营效益一再攀升。在竞争激烈的香港市场中，江兆文赢得了事业发展的一席之地。

敢为人先，回乡办厂

党的十一届三中全会后，一批又一批爱国爱乡的港澳台同胞和海外侨胞毅然回到内地投资，江兆文也是其中之一。

1978年10月，江兆文回乡期间，了解到古竹、高头的制茶工艺简单、产品档次不高，茶农收入微薄。时任香港新艺行董事长的江兆文和股东江大可、江盛达商量后，以补偿贸易的形式，投资3.5万美元，从香港进口一套制茶设备，在高头松林墩创办高头金山精制茶厂。1981年，金山茶厂正式开业。这是永定县第一家补偿贸易企业。有人问江兆文："在山乡办厂，你不怕亏本吗？"江兆文却说："久居港澳，心怀故乡，希图报效已非一日！永定是我的家乡，是根之所在。我没有特别富裕，可家乡还比较落后，虽然投资环境不是很理想，但我想尽自己的微薄之力，让家乡早日改变贫穷落后的面貌。"

江兆文：率先回乡投资助教的港商楷模

1980年，江兆文再次回到内地。在江浙一带考察后，他发现了新的商机：浙江拥有历史悠久的藤编工艺，制作出的藤制家具透气性佳、手感清爽、舒适别致，非常适宜销往潮湿闷热的东南亚国家。随即，他向浙江省人民政府提出了投资合办企业的意向。同年，浙江省二轻局家具杂品工业公司与香港新艺行合资成立的西湖藤器企业有限公司正式开业，这是浙江省第一家中外合资企业，江兆文也因此成为"浙江改革开放港商投资第一人"。在当时，这样的外商投资企业，全国仅有17家。到1983年，西湖藤器公司已经建立12个分支机构，从业人员由400人发展到2000多人，浙江藤器行业由衰转盛，西湖藤器公司成为当时的耀眼标杆。

此后，江兆文在内地的投资越来越多，涉及茶叶、藤器、地产、水电、酿酒等诸多行业。1988年，他和港商游尚群共同投资300万元，与永定县林化厂合作兴办三林化工有限公司，主要生产洗洁精、发型定型剂等日用化工产品。当时有人劝江兆文，这种农林型的企业投资周期长、利润低、不合算。他斩钉截铁地说，能够帮助家乡经济发展，即使不赚钱也值得。江兆文还无偿赠送80台织布机给永定县，永康织布厂由此于1988年8月创办，当年12月试运行，1990年3月正式投产，填补了永定县织布行业的空白。

1995年，永定县因建火电厂，资金短缺。为解燃眉之急，江兆文挺身而出，投资800万元买下永定百丈漈电业有限公司80%的股份，以助力家乡基础设施建设。电业每年的获利，他都分文不取，全部用于支持家乡教育等公益事业。

情系桑梓，兴教育才

"功莫大于兴教，德莫高于育人"，这是江兆文一生的信念，体现了他对教育事业的远见卓识和孜孜不倦的追求。

早在20世纪60年代，尚不富裕的江兆文就开始为家乡捐资兴教。1963年，当得知高头民校办得出色时，他在给侄子的信中表示会"竭力支持"。不久，他辗转托人给民校送上30多套教科书、10多套运动服、2盏汽灯和一些办公用品。

从1979年起，江兆文开始频繁往来家乡与香港之间。虽然疼爱他的父母都已离世，但是他对家乡的感情依然炽热。1979年，他向金丰中学资助价值500元的收录机1台，捐资1万元兴建教室1座。此后，他捐资兴教和兴办公益事业从未中断。至2020年，江兆文先后向永定金丰中学、永定一中、永定中医院、永定特殊学校以及长汀职业中专、闽西职业大学、连城客家方志馆等单位，捐赠近3000万元，其中资助金丰中学2000多万元。2017年5月底，已是93岁的江兆文不顾年迈体弱，坐着轮椅，千里迢迢从香港回到家乡，为金丰中学26名优秀教师颁发奖教金，其热爱家乡

江兆文：率先回乡投资助教的港商楷模

教育事业的赤诚之心让人肃然起敬。从金丰中学考上大学的学子纷纷写信给他表示感谢。令人感动的是，江兆文收到了几百封感谢信，坚持每信必回，而且在信里总少不了这样的话语："你不要感谢我，更不要回报我。要珍惜时光，努力学习，将来回报社会，回报你的父母和老师。"

江兆文注重把自己爱国爱乡的情怀向子女不断传递，经常谆谆教导子女："取之社会的钱财，就要用到祖国、家乡去。"他的言传身教影响后代子孙。儿子江全孚曾担任香港闽西联会会长12年，为推动闽港合作搭建沟通桥梁。

为表彰江兆文的贡献，1985年5月，龙岩地区行署给他颁发"爱国爱乡捐资办学"纪念牌匾；1995年3月，福建省人民政府授予"乐育英才"金牌；2002年11月，龙岩市人民政府授予"龙岩市荣誉市民"称号；2004年3月，福建省人民政府在永定县金丰中学设立功德碑，以表彰江兆文捐助公益事业的突出贡献，上书："香港同胞江兆文先生，祖籍福建省龙岩市永定县。情系桑梓、慷慨捐资、兴学育才。为颂扬功德，激励学子奋发进取，特立此碑。"

2020年11月5日，江兆文在香港逝世，享年97岁。他弥留之际仍然牵挂着家乡，这种至死不渝的家国情怀，获得了家乡人民的尊敬和爱戴。（江宇贤）

参考文献

1. 福建省永定县归国华侨联合会编：《仁风行故里——江兆文先生关爱家乡纪》，2010年。

2. 《永定客家人物》（内部资料），2008年。

第五篇

驰骋商海的行业翘楚

商海，从来不是风平浪静的，而是波涛汹涌的。驰骋商海、勇立潮头，一定是有胆识、有魄力、有智慧的勇者，他们善于审时度势，勇于开拓创新，敢于披荆斩棘，成为本行业的佼佼者。本篇将讲述福建近现代木材业、白茶业、陶瓷业、火柴业、竹编业等行业翘楚的故事。

邱映光："福建木王"

福州上杭路有一幢古色古香的深宅大院，粗犷大气又不失精巧秀丽的门楼，呈"商"字形。这里，曾经走出一位赫赫有名的木商邱映光。邱映光，字曙甫，生于清光绪年间，被誉为"世纪寿星""福建木王"。

邱映光（邱丽萍/摄）

少年立志，自强不息

邱映光出生于福建永安上坂村一户农民家庭，6岁进入私塾读书学习。他父亲经营顺和、顺记商铺（主营木材、茶叶等），闲时就向他介绍清代著名实业家郑观应"习兵战不如习商战"的思想。邱映光立志长大后成为商人，为乡民多做好事实事。

16岁那年，邱映光考入南平旧制中学，19岁毕业。1917年，刚满20岁的邱映光,协助父亲在上坂主持店务,他经常独自前往连城、清流、龙岩等边远山区,收购木材及农产品,并设厂加工,之后将产品运往各地销售。当时豪强各霸一方,从沙溪顺闽江至福州,沿途运输困难重重。时局的混乱,磨砺出少年邱映光自强不息的性格。

风雨飘摇,奠定基业

邱映光的创业之路异常艰辛。1921年9月,他由洪沙口押运木材前往福州,在沙溪河畔停靠时,遭遇勒索,花了不少银元才得以安全归来。1922年秋天,邱映光赴连城木厂督工制材,在回小陶途中,被一帮土匪追赶,好在他对地形熟悉,侥幸脱险。1923年冬天,邱映光押运木材去福州,经过南平吉溪遇袭,为了保命,不顾严寒潜入水中,躲在木排下,久久不敢上船。

邱映光在上坂苦心经营商业,逐渐积累财富。但社会动荡不安,企业屡遭重创。为重振家业,1932年,邱映光全家搬到离永安40华里的贡川村,在附近经营木材、笋干等。后来,他看准闽北木材业发达的优势,举家迁居南平,在中山路219号开设邱森泰商行,经营木材采伐运销业务;之后又在同一地址,成立永绥转运公司,扩展有关业务。次年,邱映光发起组织南平木商公会,担任常务理事,并积极为同业谋求福利,为落魄者慷慨解囊。

本着"诚信待人,勤慎处事"的商业信条,邱映光逐渐成为邱映光："福建木王"

闽西北木材行业的翘楚。1937年，邱映光担任南平县木商公会理事长，与各界团体联系合作，为抗战救国出力。1938年，邱映光奉命着手整顿南平县商会。次年，召开商会会员大会，他被推举为商会理事长。

担任商会理事长后，邱映光一如既往地"诚信待人，勤慎处事"。1941年12月，开平中心小学校长陈礼建因校园左侧空地归属问题与邱映光发生争议。经依法核定，查明这块空地归属邱映光。但邱映光后来把这块土地无偿捐献给学校。1943年3月，府前坊一块空地的承租人欠缴租金，邱映光知其难处，为其承担了大部分，帮助承租人渡过难关。1943年8月，南平陶瓷厂研发新产品，需要紫霄（当地一种矿石）一担，但紫霄是稀缺之物，不容易购得。眼看陶瓷厂即将面临停产，邱映光主动为其担保，助其购得所需紫霄。

一身正气，实业救国

邱映光在父母的言传身教下，坚信"人若一身正气，鬼神皆敬三分"。1939年，国民政府有关部门借口战备之需，扣留闽北木材，不准运往福州销售。当时，闽北从事木材相关行业者达50多万人，他们纷纷涌至木商公会，请求邱映光理事长向查扣单位交涉放行。此时的邱映光刚刚上任两个月，面对情绪激昂的人群，他处变不惊，通过多方交涉，与查扣单位达成协议：木商公会保证随时满足征用的军事木材，被扣木材全部发还，此后亦可将木材自由运销福州。

从此，邱映光担负起为抗战筹备木材的任务。他办事严谨公正，每次征用数目均详细记录在案。1941年4月，日寇入侵福州，并企图沿闽江侵入闽北、闽西。军事部门限南平木商公会3天内调运6万筒木材紧急运抵闽清，封锁闽江河道，以阻止日军舰艇沿闽江北上。邱映光带头捐献木材，多方协调发动，在规定时间内顺利完成木材征用任务，阻止了日军向福建腹地进攻的计划。

抗战期间，南平木商公会提供木材的数量达27万余筒，邱映光除了完成应分担的份额外，还多次向军政当局垫资数万元至10多万元不等。

抗日战争胜利后，邱映光迁居福州，在上杭路102号设立邱森泰商号分行，经营木材和闽北土特产。他十分关注全省木材行业的发展，邀请全省各县市木商业公会的负责人，组织成立福建省木商业工会联合会，并高票当选首任理事长。

热心公益，善施善行

邱映光在用心经营自己的商行、公司的同时，还热心服务同行及周边群众。他的社会活动能力出众，曾筹组南平民营粮食联营公司，负责供应战时军粮、民食，并兼任粮食联合运销处总经

邱映光："福建木王"

理、陶瓷工厂等备处经理等职。此后他还陆续被聘为地方公益事业建设委员会委员、县公共场所建设委员会委员、财务委员会委员。

1940年2月，南平发生灾情，面对不良商贩哄抬物价，邱映光依进货成本议定售价，要求同业共同遵守。他还制发采购商品通行证，便利商人往来物资购销。邱映光以担保人的身份，高利息向外县市及江西筹款借米，帮助灾民度过难熬的春节。

邱映光任商会会长期间，常筹款购置慰问品，赴军营、医院慰劳抗战军士、伤病员及受训新兵。每年春节期间，救济部分贫民食米每人20斤，年年如此。

邱映光担任南平城区救火会常务整理员期间，针对城内建于明清时期的木结构房屋众多，居民商户密集，易发生火灾的特点，投入大量时间、精力、财力，修建龙房（放置消防设施的房屋），添加水龙、木桶等救火设施，提供人员工资和运转资金，以减轻火灾困扰。

故土难离，落叶归根

1948年冬，邱映光带着家人前往台湾推销木材，迁居台北。海峡两岸恢复往来后，邱映光决定借道香港回福州探亲。台湾不少朋友顾虑重重，邱映光说："我是地地道道的中国人，回自己家去，有什么可怕的呢？"1989年之后，邱映光每年都带着家人回福州，还多次回南平、永安祭扫先人之墓。

1993年，邱映光提出"落叶归根"的愿望，三子邱永桂决定和老父亲回乡定居。晚年，邱映光被闽北台属联谊会聘为顾问，每年除往返台湾一趟办理验证手续在台湾小住半个月外，绝大部分时光都在福州度过。

感恩家乡，回报桑梓

邱映光一直热心家乡公益事业，先后捐资逾百万元，用于医院、学校、道路建设。邱映光在南平生活、从商十几年，一直把这里当作自己的第二故乡。20世纪80年代初，他和众台胞一起，捐赠南平台办一辆价值20余万元的小轿车；90年代初，他听说南平九峰山修建革命烈士纪念碑，主动捐款2万元。

1991年，邱映光赞助20万元成立南平市邱映光教育奖励基金。1992年，年近百岁的邱映光创办了当时南平第一所私立幼儿园——圣光幼儿园，缓解了公办幼儿园学位不足的困难。邱映光还带头捐款，设立闽北同乡会奖助学基金会，用于奖励海峡两岸闽北籍大专以上在校优秀学生。在他的影响下，越来越多台胞纷纷在闽北设立奖教基金或办学。

晚年在福州定居的邱映光，腿脚不像年轻时那样利索，但他经常到附近的三通桥、星安桥、白马桥溜达，特别是由清代福州木商捐建的白马桥，见证了福州曾经作为全国三大木材集散地之邱映光："福建木王"

邱映光晚年居所（上杭路108号）（张国兴／摄）

一的繁荣景象，这让邱映光感慨万千。

2010年10月17日，邱映光在福州上杭路的家中安然离世。前来吊唁的群众络绎不绝。正如福州商务总会旧址中的那副对联："追寻千秋商道在商尤仗义；荟萃百年业绩从业更依仁。"这是邱映光一生从商的真实写照。（钟道伟、邱丽萍）

参考文献

1. 严孔仁：《闽北旅台同胞精英谱》，福建省新闻出版局（闽）

新出（2002）内书第99号。

2. 陈学姜：《一缕和风》，南平市文化广电新闻出版局（南）新出内书第2016028号。

3. 高葆煊：《海峡情缘》，南平市文化与出版局（南）新出（2009）内书第26号。

4. 《邱映光自述》，邱映光后人提供。

5. 福建省档案馆、南平市延平区档案馆藏相关资料。

梅伯珍：让白茶"茗"扬天下

梅伯珍（1876—1947），字步祥，号筱溪，又号鼎魁。他长期致力于福鼎白茶、白琳工夫、茉莉花茶的研制和销售，有"梅占魁"之号，人们尊称他为"梅伯"，是较有成就的清代民国茶人和茶商。

梅伯珍（右一）
（陈振团/供图）

弃农从商，投身白茶事业

福建太姥山历来多产茶，也出茶人。

点头镇柏柳村在福鼎西南，村中有一条古官道横贯，通往福安、福州等地，形成集贸街市，人称"柏柳街"。

正是这里孕育了茶人梅伯珍。

清光绪元年十二月，梅伯珍出生于柏柳村一个富裕家庭，兄弟五人，他最小。梅伯珍22岁结婚，婚后不久，兄弟五人就分了家，梅伯珍分到的是一溜房屋、半间小店面和几坪茶园。他还背了点债务，依靠承租一亩田地维持家人生计。然而勤快并没有改变他困窘的现状，几年下来，连租金也无力偿还。无奈之下，他只好为田主打工，还挑送货物，以此赚点辛苦钱。

茶叶是当地人重要的生计来源。梅伯珍的岳父送来数十株白毛茶苗，嘱咐他开荒栽种，待茶苗分枝后，就剪枝扦插繁殖。几年时间，白毛茶园渐成规模，头年采摘茶叶，就卖了六七十元。梅伯珍初次尝到了茶叶带来的甜头。

1905年，梅伯珍决定弃农从商，做起茶贩，由此踏上茶商之路。

勇担道义，助力福鼎白茶走向国际市场

1907年前后，邵维羡在白琳等地开庄采茶，因缺乏人手，便

梅伯珍：让白茶"茗"扬天下

邀请有两年贩茶经历的梅伯珍合伙。

随后六七年间，他们的茶叶生意做得很顺利。梅伯珍从邵维羡那里学到了制作白茶的工艺，还负责往省城福州销售茶叶和财务结账等事务，因经常与外地茶商贸易往来，交了不少朋友。

1915年，福州马玉记茶在美国旧金山荣获首届巴拿马太平洋万国博览会金牌奖章，其参展茶叶正是由梅伯珍提供的福鼎茶叶。这也足以说明福鼎茶叶的高含金量。

梅伯珍晚年文稿《筱溪陈情书》，记叙他在而立之年，受邵维羡邀请合伙一起做茶叶生意的经历："适邵君维羡开庄采茶，乏人助理，邀余合伙，幸自合股，五六年以来，生意颇见顺利。递年往省售茶，结账尽归余负责，对于往来交易，概无失信用。蒙马玉记老板视余诚实朴俭，生意另眼相看。民国甲寅、乙卯两年，获利颇厚。"

此文足以证实邵维羡、梅柏珍正是福州马玉记茶的供茶商，民国乙卯，即1915年，是马玉记茶获巴拿马万国博览会金牌之年，可见马玉记白茶产自福鼎茶乡柏柳等地。

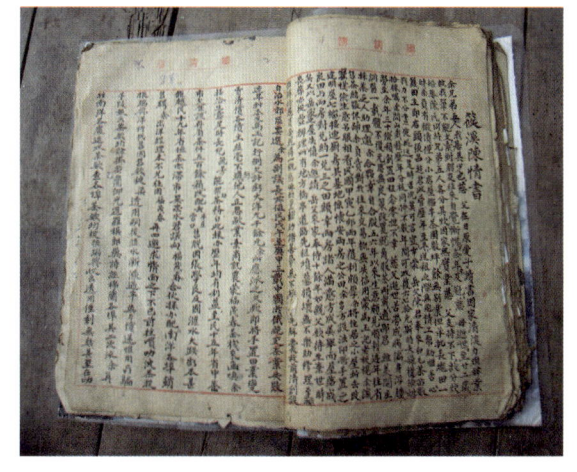

梅伯珍《筱溪陈情书》文稿（冯文喜／摄）

1918至1920年，由于国际大环境影响，茶叶连年折本，梅伯珍生意挫折。但他主动承担马玉记茶行欠款，还回家变卖田业，还清债主，表现了"宁可自己吃亏，也不亏损他人"的茶道精神。

梅伯珍与马玉记生意往来长达十余年之久，是业界长期合作的一个范例，值得后人借鉴与学习。

诚实守信，茶界的"舜苑耆英"

梅伯珍第二个合作伙伴是福茂春茶栈。在长子毓芳的帮助下，他与福茂春接洽生意，经营五年，赚了不少钱。1925年，福建茶叶市场欠佳，本来运往省城茶市的五百多箱茶，只好改道运往辽宁营口和山东牛庄销售。之后的几个年头，受时局影响，茶市一直处于不稳定状态，这给梅伯珍的茶叶生意造成很大的影响。

1929年，福茂春与人合伙采办茶业，销售南洋各埠，聘任梅伯珍出洋当经理。本来梅伯珍不愿去南洋，而福茂春再三邀请，盛情难却，他只好答应先去新加坡，把茶叶投在振瑞兴洋行代售。但事与愿违，茶叶生意并不顺利，还亏欠了不少的债务。

挫折没有压垮梅伯珍，他正直行商，甚至把亏本的生意都揽下来，丝毫不连累股东，这一举动为梅伯珍赢得了信誉。两年后，福茂春再次邀请他合股采办茶叶到天津，这趟生意获得的利润弥补了在南洋的亏损。

梅伯珍对此深有感触，他说："我做茶叶生意数次失败，但

梅伯珍：让白茶"茗"扬天下

都得益于朋友的扶持而化险为夷。行商靠的就是诚实守信，为人要重视自己的声誉！""大丈夫者勇于担当"，在茶人眼里，梅伯珍就是这样的一个人。

1931年，梅伯珍担任福州福鼎会馆茶帮会计。没有想到，这时茶叶生意跌落。到1937年，会馆经营了六年，这期间所需费用，其他董事一概不理，梅伯珍心态平和，任劳任怨，笑对困境，单独一人承担了所有开支。

1939年，梅伯珍被聘任为华大公司十厂联合采办经理，共采办茶叶1.3万件，运到香港出售，盈利不少。

同年，福建省建设厅创设示范茶厂，点名聘请梅伯珍为福鼎示范厂总经理兼副厂长。示范厂设白琳、店头、选城等三个分厂，梅伯珍采办茶叶5800多件，获得一笔很高的利润。

1940年，梅伯珍66岁生日，福建省建设厅赠"荈苑耆英"匾庆贺。

"荈苑耆英"匾（冯文喜/摄）

一生为白茶，留下宝贵的茶文化遗产

因日寇侵华的影响，各埠轮船停运，交通断绝，百货昂贵。1942年，梅伯珍结束行商生涯，不再从事茶叶生意。他在晚年文稿《民众困苦情形录述》中感慨："视世民众饥饿，又被官所压迫，惨状难言，亦无法补救，日夜深思，困苦万状。世界如此，情何以堪？呜呼哀哉已耳！"

晚年梅伯珍为人乐善好施，邻里乡亲遭遇贫病，或有造桥修路，他都慷慨解囊。梅伯珍要求子孙严格恪守家风，并对他们说："处事唯读书，居家宜积善，固名誉，守信用，万勿计算贫民，切莫贷放高利。"

1947年，梅伯珍在老家柏柳寿终正寝，享年73岁。梅伯珍以自己的聪明才干，在茶界拼搏、奋斗几十年，走过种植、制作、经营白茶的历程，见证了民国时期福鼎茶业的起落兴衰。他创造并留下可贵的茶人精神，是茶文化的一面旗帜，激励着福建茶人继往开来。

福鼎白茶在梅伯珍带动推广下，逐渐发扬光大。福鼎白茶制作技艺在梅家得到代际传承，第二代的长子毓芳、次子毓厚与父亲一起做茶叶生意，走南闯北；第三代人员众多，有的子承父业，在柏柳种植、制作、经营白茶，较为突出的是梅相靖等人。梅相靖是第二代的四子梅毓银之子，2012年被认定为国家级非物

质文化遗产项目福鼎白茶制作技艺代表性传承人。

2022年11月，"中国传统制茶技艺及其相关习俗"（含福鼎白茶制作技艺）列入联合国教科文组织人类非物质文化遗产代表作名录。（冯文喜）

参考文献

1. 福鼎市地方志编纂委员会编：《福鼎旧志集》（上），福建人民出版社，2013年。

2. 梅伯珍：《筱溪陈情书》，梅伯珍编：《梅氏家谱·奕裘公第五子》，民国三十三年（1944）手抄本。

3. 梅伯珍：《民众困苦情形录述》，梅伯珍编：《梅氏家谱·奕裘公第五子》，民国三十三年（1944）手抄本。

4. 梅伯珍：《筱溪笔记》，梅伯珍编：《梅氏家谱·奕裘公第五子》，民国三十三年（1944）手抄本。

5. 陈鸿书：《邵秋溪渊太翁行实》，陈鸿书：《博陵郡邵氏宗谱·传记》，1980年。

许友义：助推"中国白"遍销全球的先行者

许友义（许瑞峰/供图）

"一箱瓷雕，一箱白银"，出生于德化的许友义（1887—1940）就是人们口中拥有魔力、能够捏土成金的佼佼者。几十年来，他以高超的技艺和卓越的商业智慧，引领家族创办十多家瓷厂，为20世纪上半叶德化瓷业的振兴作出积极贡献，助推"中国白"走向世界。

茫茫"瓷"海寻商机

德化与江西景德镇、湖南醴陵并称中国三大瓷都，德化的建白瓷、高白瓷、瓷雕被誉为中国瓷坛的"三朵金花"。

出生于陶瓷世家的许友义，自幼经常帮助父兄干一些简单的雕塑活，15岁时便从私塾辍学，全心专注瓷雕生产经营。他跟随父兄学习雕塑不到数年,便找到了创业的商机。

德化的瓷塑作品多是围绕观音、力士、罗汉等为创作题材,许友义在创业初期即以家庭为中心筹建小作坊,主要服务周边寺庙佛像、佛饰雕塑建造。

"人无我有,人有我优,人优我新",是商海淘金的密钥。许友义很早就意识到,人们对于瓷雕佛像的需求数量有限,种类

文殊菩萨(许友义作品)(许瑞峰/供图)

也比较单一。如若将瓷雕技艺与生活用品实现融合，空间就无比广阔。很快，通花瓶、博山砚台、笔架、笔筒、梅花盆景等一系列与生活主题密切相关的瓷雕制品诞生了。随着各类瓷雕制品进入寻常百姓家，瓷雕技艺也在德化业内传播开来，极大促进了德化白瓷的振兴。

为保证质量，许友义严格管理生产，以免瑕疵品流入市场。随着产品种类的丰富，生产的规模也不断扩大，许友义又将发展的目光投向了更广阔的远方。

精益求精塑品牌

在德化城东宝美村的东南隅，有一条千年古街陶瓷街（又名程田寺格街）。民国前后，年仅二十几岁的许友义为了更好满足客户的需求，带领家中兄弟在这里建窑起铺，开启了"店前营销，店后生产，自产自销"的经营模式。"裕源"和"宝源"就是当年许友义和胞兄许友官在这里创立的商号。

古街承载着一代又一代陶瓷人的梦想，道路两旁极具闽南商业特色的矮层建筑"手巾寮"，至今仍在讲述着德化瓷业的辉煌历史。"房屋设计窗大门小，主要是为了经营方便，因为前厅就像一个橱窗，方便客户选购，而这个窄门还能直通后窑，十分便利。"

精湛的技艺加上便捷的生产环境，许友义兄弟的陶瓷生意有

许友义：助推"中国白"遍销全球的先行者

了较大发展。随着产业壮大，许友义逐渐把销售的方向从国内市场转向国际。可是，"酒香也怕巷子深"，深藏在德化山区里的瓷雕艺术如何才能融入国际市场呢？

许友义精心观察了市场上的主要瓷雕制品，发现大多具有"规格大""质地厚实"等特点，而在商品装饰和细节处理上略显不足。许友义创造性地对"大家伙"进行"微"改造，增加产品附加值。自1915年起，许友义把改良瓷器造型、装饰样式作为主攻方向，下足了"微"功夫。他将木雕、泥塑、瓷雕等技艺熔铸一体，首创了"活动瓷链""捏塑珠串"等新技法，讲究"神、形、色"浑然一体、富有灵气。

瓷雕制品不会说话，精湛的创作技艺却会代言。许友义生产的这些产品获得了国际市场的好评和认可，越来越多独具中国"微"技艺的"神话系列""名人典故""节日习俗"等精巧产品由福州、厦门、广州、宁波出口，进入国际瓷坛。他的作品也获得了"一箱瓷雕，一箱白银"的美誉。

1935年，许友义又从香港采入玻璃胶搅拌泥浆，改用石膏模型注浆成型生产的瓷塑新工艺，淘汰原始的陶模手工印坯成型的生产方法，显著提高了产品质量，为大批量生产瓷塑开辟了道路。

以共享实现发展

明清是德化瓷器发展的鼎盛时期，德化瓷工一度达2.5万余人,可见其辉煌。晚清民国以来,德化瓷业走入低谷,仅剩下1万多人从事瓷业。

作为当时行业的翘楚,许友义不仅精心创作了大量瓷雕作品,同时无私将瓷雕技艺倾囊相授,培养了一大批瓷雕技艺大师,为后期德化瓷业重振奠定了人才基础。1915年,德化瓷业界提倡改良瓷器品种式样,许友义迎难而上精研人物造型,所创作品曾先后四次在世界博览会中获得金奖,为振兴德化瓷业夯实了技术基础,增强了民族自信。

1920年,与许友义亦师亦友的苏学金病重,豪爽义气的许友义接过托孤之任,将其子抚养成人,并助其重振瓷业。如今,苏学金创始的蕴玉瓷庄已经发展为百年老店,不断为德化瓷坛培英育才。

1930年,许友义、许友官、许友簪兄弟三人应邀为仙游龙纪寺创作烧制五百尊形态各异的罗汉。1991年,这些罗汉被列为省级文物,堪称陶瓷文化艺术瑰宝,具有极高的艺术价值,对现今瓷雕商品创作仍有重大启发。

1940年许友义逝世后,以许世华、许世南兄弟二人为代表的传承人徙居香港,探寻德化瓷器"走出去"新出路。

据不完全统计,近几十年来,许氏家族在香港、德化等地先后创办的各类集生产、经营、技艺传承于一体的瓷厂、陶瓷陈列馆、陶瓷工艺美术研究所有数十家。"许氏制造"的题材日益广泛,创作技艺日趋多元,销售目的地也扩展到全球。同期培养的各类陶瓷工艺美术师成绩显著，带动一大批群众就业和致富。

一花独放不是春，百花齐放春满园。在以许氏家族为重要代表的德化瓷商的携手努力下，德化的"中国白"今天再次成为行销海外的热门货。陶瓷成为引领德化发展的支柱产业，截至2024年底，德化有陶瓷企业4000多家，从业人员10多万人，陶瓷产值突破600亿元，产品远销190多个国家和地区。（罗美玲）

参考文献

1. 郭其南：《瓷都群星：德化瓷坛古今百家》，华艺出版社，2000年。

2. 德化县志编纂委员会：《德化县志》，新华出版社，1992年。

3. 德化县地方志编纂委员会：《德化陶瓷志》，方志出版社，2004年。

4. 孙斌：《蕴玉瓷庄·苏勤明传》，黑龙江美术出版社，2014年。

林弥钜：福建"火柴大王"

林弥钜（林光谈/供图）

林弥钜（1879—1950）是福建近代史上极具传奇色彩的商人。他的第一个10年，完成了由海滨小镇普通农民到福州小有规模木材商的身份转变；随后的20年，由经济实力并不雄厚的小木材商成为福州火柴专卖商，甚至一度为战时福建省政府开支提供重要支撑；接下来的10年，旗下的火柴企业迅速扩大，形成从种植柴山到研制药品原料再到生产加工的专营产业链，规模大，设备先进，曾吸引当时的火柴大王刘鸿生专程从上海飞来福州参观取经。

一笔无心的买卖

福州火柴行业起始于清光绪二十四年（1898），第一家火柴林弥钜：福建"火柴大王"

厂是英商创办的耀华火柴公司，经营惨淡，不久停业。1917年，又有民族资本创办国光火柴公司，之后易名"大中华火柴厂"，不久也贴出转让公告。

时为协利锯木厂老板的林弥钜见火柴厂机件成套，有排列机、上药机、劈片机等，且价格低廉，计划接手。他原先的目的不在生产火柴，而是想转手卖出赚差价。正是这笔无心的买卖，成为林弥钜日后颠簸半生、风云商界的火柴专卖事业的开始。

民国初年的福州，火柴市场被两拨势力划分：一拨是最早占据市场的日本产"珊瑚""白桃"等火柴，为应对反对日货风潮，日本商人将日货伪装成中国货，倾销中国市场；另一拨是中国火柴大王刘鸿生生产的"渔樵""三老"等火柴，质量较好，在市场上占据很大份额。

也许林弥钜从中看到了赚钱机会，便打消了转卖火柴厂设备的念头。他更厂名为"建华"继续生产火柴，但由于产品质量较差，不久即停产。财力并不雄厚的林弥钜开始寻找合作伙伴。

借势锦顺商行

福州八一七中路上有一家大批发商锦顺商行，主要业务是向国内外采购颜料、百货、五金，并经销上海的肥皂和香烟。锦顺商行还开设有同泰铁行，售卖各种铁板以及机器零件等，经理人是李松筠。李松筠和林弥钜是长乐同乡，业务往来密切。

"九一八"事变后，抵制日货运动转入高潮，国产火柴销路随之通畅。林弥钜通过李松筠和锦顺商行协商，由锦顺商行为建华火柴厂组织各种火柴原料，建华所生产的火柴则由锦顺商行经销。

当时建华火柴厂资金并不充裕，只有排列机两架，工人20多人，与锦顺商行合作后，原料有了保障，生产的"建华火柴""耕读火柴"，质量渐趋稳定，慢慢打开了市场销路。虽然一磅6篓火柴售价48元左右，利润只有1.2元，谈不上什么资金积累，但收支已达平衡，建华火柴厂已能正常生产。

垄断福建火柴业务

林弥钜是个精明的商人。对于火柴用药的来源，他很快就意识到光靠锦顺商行购进是有局限性的。他一边履行合同继续从锦顺商行进货，一边同英商卜内门洋行等打交道，拓展原料来源。

1937年，日本发动全面侵华战争，日本火柴停止进口，上海各火柴厂在敌机袭扰下，也不能正常生产。福建省建设厅管辖的贸易公司计划利用建华火柴厂的生产设备，专门为贸易公司加工火柴，以便其控制全省火柴市场，攫取利润。不久，贸易公司与建华火柴厂订立合同：建华火柴厂生产的火柴全部由贸易公司经销；石蜡、赤磷、白药、胶粉四种火柴主要生产原料由贸易公司供应；火柴厂职工食米由贸易公司供应；由贸易公司协助建华火柴厂从福州内迁南平，以适应战时需要。之后，建华火柴厂林弥钜：福建"火柴大王"

中断了与锦顺商行的业务合作。福建火柴市场也很快被建华火柴占领。

专营产业链的形成

1938年，建华火柴厂在南平县城西门外设立总厂。为避轰炸，林弥钜在闽北各地和邻省江西设立了很多分厂，比如大田分厂、龙岩分厂、光泽分厂、吉安分厂、临川分厂。林弥钜希望通过设立分厂的方式聚合火柴制造商，将潜在的竞争对手变为合作伙伴，避免同业竞争。

虽然分厂星罗棋布，但主要生产阵地仍在南平总厂。据史料记载，南平总厂每天的火柴产量在50磅以上，最高产量可达60磅。全省的火柴需求几乎都依赖建华火柴厂供应。当时的福建没有完整的工业，建华火柴厂机构分布闽北各地，算得上是工业巨头。

建华火柴厂在南平生产，虽然主要原料由贸易公司供应，但配料还有20多种短缺，为此经常影响生产；生产过程中的主要工序，比如配药、排版、刷磷、装盒等环节，技术指导依赖上海的技术人员，总感鞭长莫及。为此，林弥钜开始设立自己的制药厂和化工厂。在火柴的用药中，最主要的材料磷是进口商品，国内还不能制造，林弥钜便在南平西芹设立分厂，研究制磷。在水南设立白药厂，生产原料炭精汞等。

在经营建华火柴厂的同时，林弥钜和他的几个兄弟还兼营木材，买了许多柴山——就是专门种植林木以销售木材的林区。和其他火柴厂购买火柴杆片半成品不同，建华火柴厂拥有柴山，可以自行调拨劈制。

林弥钜的建华火柴厂逐渐掌握了从原料、生产到销售的上下游产业链，是当时火柴市场上仅有的"全能厂"。

回迁和改制

抗日战争胜利后，建华火柴厂回迁福州。刘鸿生的火柴厂也在福州市郊洪山桥设立分厂，福州本地商人亦开办火柴厂，而上

福州火柴厂（2005年）（庄方／摄）

海、温州等地的火柴也进入福建,建华火柴厂过去独家经营、垄断市场的局面一去不复返了。

1947年,林弥钜的儿子林光谈担任建华火柴厂经理。不久,林光谈邀请陈敬言出任副经理。1949年,福州解放。1951年,由陈敬言出面,建华火柴厂成为福州市第一批公私合营企业,并入华光火柴厂。1955年,华光火柴公司更名为福州火柴厂。(郑芳)

参考文献

黄毓泌:《福建火柴专卖事业》,《福建文史资料(第12辑)》,1985年。

陈清河：撬动百亿产业的领路人

陈清河和他主创的作品（左为云锦瓶，右为双耳菊纹瓶）（刘伯怡/摄）

一个人，一双巧手，带动一座城，推动安溪竹编手工艺产业实现了三次转型升级，将不起眼的竹编发展成为拥有12万从业人员的民生支柱产业。从三尺讲台到下海经商，从计划经济到市场经济，从因地制宜白手起家到因势利导跨越发展。陈清河（1940—2020）的创业历程浓缩了中国企业家的成长轨迹，他在商海闯荡的故事背后，有着时代的波澜壮阔，也讲述着草根创业者和地方政府不懈努力的传奇。

把握商机，打开产品销路

陈清河1940年出生在安溪尚卿中山村，从小干农活，经常接触林、草、根、竹。他耳濡目染身边工匠的竹编技术，在内心种

下了"靠技术吃饭"的种子。16岁那年,初中毕业的陈清河选择就读一毕业就能分配工作的中专——厦门鹭潮美术学校。为了节省开支,陈清河几乎是徒步往返家校,单程就要两天的时间。生活的苦难并不能阻挡他求知的渴望。当时,学校开设了刻纸、竹编、木雕、脱胎漆器等十个专业,同届22个同学只有他坚守在冷门的竹编专业。谁能想到,当年的科班"独苗"十几年后返乡带动了一个县的竹编产业。

当年为留住这棵"独苗",校长也费了不少心思:考虑到竹编专业需要购置画笔和刀具等学习用品,他就把陈清河的助学金从丙级提高到乙级,一个月多出2元的助学金,能解决他半个月的生活费。在校长的鼓励和支持下,陈清河仅用半年时间就掌握了劈竹篾、编织等制作工序,毕业后受聘留校任教。

1962年,对外文化联络委员会将"20天内打造30件东欧国礼"的任务交给了厦门工艺美术学校(1958年厦门鹭潮美术学校更名)。陈清河后来回忆:"当时由我牵头,选了11个技术比较好的学生,关在车间里,用2个星期完成了这项光荣任务。"如今安溪华侨职校的竹编精品成果展示室就收藏着陈清河当年用制作国礼剩下的边角料原样仿编的云锦瓶。细如发丝的篾丝、薄如蝉翼的篾片、精美的云锦纹样、天然不褪色的外观,尽显陈清河团队高超的竹编技艺。

这期间,陈清河经常白天参加生产劳动,晚上利用周边丰富的草竹藤偷偷编织茶篓、竹筛等农具贴补家用。市场敏锐性和技

陈清河在尚卿公社农械厂带徒编制热水瓶壳（1971年）
（安溪陈清河竹藤编技艺工作室／供图）

陈清河：撬动百亿产业的领路人

术禀赋，使他总能及时捕获商机。20世纪70年代初，陈清河发现省内热水瓶外壳供不应求，就利用闲暇编织热水瓶外壳到墟市卖。1971年8月陈清河依托尚卿农械厂开设竹编车间，招了15个学徒。培训技艺的同时注重流水式作业，分"头、身、耳、腰"工序加工生产热水瓶壳。热水瓶壳生产首战告捷，产品卖到全国30多个省份。这也成为安溪竹编产业的起点。

1972年，尚卿竹编工艺厂正式创办。在生产热水瓶竹壳的基础上，陈清河研发了多种竹编工艺品，将安溪竹编从实用农家具提升至工艺美术品的高度。第二年，福建省工艺品进出口公司将其定点为进出口生产厂家。

为了破解工人"出工不出活"的难题，陈清河大胆采用了多劳多得的计件工资方式。据他回忆，这在当时极大激发了工人的工作热情。一时间，进入竹编厂当工人，成为当时安溪年轻人的向往。

这期间，竹编厂职工从起初的30人增加到1300多人，还开设有20多个加工点，生产8大类、4000多个品种的竹编工艺品，远销五大洲30多个国家和地区。

20世纪80年代初，安溪首选竹藤编工艺项目作为引进外资的突破口，由陈清河任董事、总经理的安星藤器企业有限公司成立，这是泉州市第二家、安溪县首家中外合资企业。陈清河还有意识地就地收购山草、竹枝、地瓜藤等原辅材料，带动周边农民收入增长。人们感叹"地瓜藤比地瓜贵""竹丝贵过金"。

安星公司运营期间，不但成为全省的创汇大户，而且还带动近万劳动力就业，扶持几千家农户摆脱了贫困。此后，在陈清河的带领下，安溪竹编在选材、技法、造型等方面不断推陈出新，产品由单一的竹编，发展成藤、木、金属等十几个大类，藤铁工艺产业转型为家居工艺产业，由草根工艺发展为造福百姓的民生支柱产业。2002年，农业部授予安溪县"中国藤铁工艺之乡"的称号。2019年，联合国教科文组织世界手工艺理事会正式授予安溪县"世界藤铁工艺之都"。

拥有首创权，才有话语权

竹藤编是劳动密集型行业，科技含量不高，要想成为市场的常胜将军，必须与时俱进，不断创新设计与应用。陈清河经常强调"拥有产品设计的首创权，才有市场的话语权"。

1991年，他考察时发现欧美很多别墅的户外常摆设工艺品，而菲律宾的藤器用铁条、铁珠作为把手或底座，既美观又坚固。陈清河敏锐地发觉这是巨大的商机，回国后迅速开启了把竹藤编工艺与铁艺结合的"藤铁时代"。在1991年的春季广交会上，陈清河初尝创新的甜头：开幕仅3天，就签约金额500万美元，完成了公司半年的订单数量。藤铁工艺及产品也迅速传播到周边省市，成为国家出口创汇的重要产品。此后很长时间，广交会都专门设有藤铁工艺展区。

陈清河：撬动百亿产业的领路人

创新商贸营销模式也是安溪竹藤编产品远销海内外的"金钥匙"。陈清河曾与爱人杨爱珠带上竹藤原料，赴美参加展销会，现场编织充分演绎了"纯手工制作"的特点。外国客户感叹"如果不是亲眼所见，不敢相信是纯手工编织"，"是不是你的手上有机关，才能让细如发丝的藤条自己弹出来"。

从1984年到1994年，在陈清河担任安星总经理期间主持设计的新产品达到5万种，产品远销世界30多个国家和地区，累计出口创汇6000多万美元，安溪县藤铁工艺特色产业集群初步显现。

人才培养，后继有人

深谙"人和"商道哲学的陈清河，在创业之初就非常注重人才队伍的建设。1981年，尚卿竹编工艺厂在尚卿十四中开设职高班，致力培养竹编工艺人才。该职高班毕业生后来多数成为安溪竹藤编产业的中流砥柱。如聚丰工艺董事长黄连福、安溪宝丰工艺品有限公司董事长廖振芳。据安溪华侨职校副校长苏世海回忆：安星创办的十年间，培育出一批工艺娴熟的管理和技术人才。

安星公司以产业带动周边农民脱贫，成效显著，得到了各级党委、政府的赞许。陈清河先后荣获"福建省五一劳动奖章""福建省劳动模范"称号。他还先后担任省政协委员、省工商联常委、泉州市扶贫基金会副会长、省国际商会副会长、安溪县人大代表、县政协委员、县政协副主席、县工商联副会长等职。1989

年，他被评为全国劳动模范。

2012年，陈清河为继续培养竹藤编人才，毅然放弃在厦门安享晚年的退休生活，只身回到安溪。安溪华侨职校把整栋图书楼改造为"陈清河劳模创新工作室"教学活动基地。工作室开设素描、图案、色彩、家居工艺基础知识、市场营销等课程，定期对学员及企业进行培训。2013年，他带领安溪县工艺界各级劳模，在全省率先建立"劳模创新工作基地"。陈清河还联合清华大学深圳国际研究生院、福州大学厦门工艺美术学院、华侨大学美术学院等高校开展产学研合作，为安溪家居工艺产业转型升级及产品创新注入强大活力。全国总工会高度评价：福建安溪的经验很有特点，为劳模创新工作提供了新做法、新经验，值得学习。

1991年12月26日《人民日报》海外版头版头条报道了他的商海感悟："在商品经济的环境中，没有一成不变的市场，也没有久盛不衰的商品，必须不断开拓新的市场，开发新的品种。"近年来，安溪藤铁工艺产业充分与互联网融合发展，重视"依托设计提升效益"的经营理念，到2023年底拥有家居工艺企业2200多家，从业人员超过15万人，行业总产值达到286亿元，藤铁工艺产业集群获评省级中小企业特色产业集群。

闽商陈清河投身自己所牵挂的竹编事业，置身国际营商环境，主动求变以契合国际国内市场审美新需求，同时关注民生，助力脱困。善观时变、顺势而为、敢为人先、爱拼会赢等

闽商精神特质早已定格在陈清河坚守的编织梦想与驰骋商海的一生。（林春蓉）

参考文献

1. 陈清河：《陈清河竹藤编作品集》，光明日报出版社，2019年。

2. 《安溪县志》，新华出版社，1994年。

3. 《八旬老人挑起百亿产业》，《福建日报》2018年8月2日。

4. 《一个人带动一个产业》，《工人日报》2017年3月21日。

后　记

历时三年多,在本书编委会的直接领导下,由福建省委统战部经济处具体统筹编撰的《闽商印记——近现代闽商先贤》付梓出版了。

编撰本书的初衷,是深入挖掘福建近现代优秀工商业者艰苦创业、实业报国的光辉历史,通过讲好"同心史话",丰富我们对闽商群体和闽商精神的认识,实现以史为鉴、以文化人。简言之,对前人"以铭""以志",对后人"以励""以启"。

近现代闽商灿若星辰。本书选取27位人物,是由各设区市委统战部推荐上报,并征求多位专家意见后确定的,主要标准有:已故的知名近现代闽商、对当时福建社会经济发展作出重要贡献者、人物留存史料相对丰富者。考虑到福建"侨"资源丰富,需要专书论述,为保证丛书的系统性,本书未收录侨商。需要说明的是,本书人物的选取只代表我们的一种"视角",而不是对近现代闽商先贤的"排序"与"论定"。希望读者能透过这27位先贤,管窥近现代福建社会经济发展的波澜壮阔,感受闽商群体的

后 记

群星璀璨。

本书文章作者已标注于当篇之末。省委统战部经济处何林颖、陈文浩负责统稿，省社会主义学院副研究员、《福建省社会主义学院学报》原执行主编李仲才协助修改稿件。在书稿编撰及修改的过程中，省委党史方志办副主任曹宛红、省工商联副主席陈飚、省委党史方志办原一级巡视员俞杰、省工商联原副巡视员谢庆双提出了十分有益的审稿意见和建议，各地市统战部给予大力支持，在此深表感谢！

鉴于编者能力有限，书稿在史实准确、判断轻重及记述表达等方面难免有不当不周之处，敬祈各界朋友谅解，并不吝指正。本书在编撰过程中，参考了相关书籍、文章与资料，汲取了其中许多有益的素材和观点，限于篇幅，没有一一列举和注释，在此谨向有关作者及编者表示真诚的谢意。

本书编委会

2025年5月

图书在版编目（CIP）数据

闽商印记：近现代闽商先贤 / 福建同心文化丛书编委会编. -- 福州：福建人民出版社，2025.6. --（福建同心文化丛书）. -- ISBN 978-7-211-09838-5

Ⅰ. K825.38

中国国家版本馆CIP数据核字第2025WG6012号

闽商印记——近现代闽商先贤
MINSHANG YINJI——JINXIANDAI MINSHANG XIANXIAN

作　　者：	福建同心文化丛书编委会　编		
责任编辑：	陈廷烨		
美术编辑：	白　玫		
责任校对：	林乔楠		
出版发行：	福建人民出版社	电　　话：	0591-87604366（发行部）
网　　址：	http://www.fjpph.com	电子邮箱：	fjpph7211@126.com
地　　址：	福州市东水路76号	邮　　编：	350001
经　　销：	福建新华发行（集团）有限责任公司		
印　　刷：	福州德安彩色印刷有限公司		
地　　址：	福州市金山工业区浦上B区42幢		
开　　本：	700毫米×1000毫米　1/16		
印　　张：	14.25		
字　　数：	145千字		
版　　次：	2025年6月第1版		
印　　次：	2025年6月第1次印刷		
书　　号：	ISBN 978-7-211-09838-5		
定　　价：	58.00元		

本书如有印装质量问题，影响阅读，请直接向承印厂调换。
版权所有，翻印必究。